한국대표시인 베스트 명시집

꽃길을 걸어서

이육사 · 노천명 · 김동환 · 윤곤강 · 김상용 외

오늘 당신이 특별히 아끼는 분에게
시집 한 권을 선물해보세요!
스트레스 많은 현대인의 가슴에
시인의 감성적이고 서정적인 따뜻한 마음을 품게 하고
어려운 시기를 극복할 수 있는
무한한 에너지를 갖게 해 줍니다.

너무도 소중한 당신께 이 책 한 권을 선물하고 싶습니다.

_____ 님께

머리말

경제가 안 좋아지면 꽃과 책의 판매가 제일 먼저 줄어든다고 합니다. 꽃과 책은 살아가는 데 없어도 별 지장이 없는 품목 제1위라는 뜻이지요.

밥과 물이 우리 생명을 유지시키는 데 필수적인 것이지만 그것이 삶의 문제를 다 해결하지 못하며 그것만으로는 행복을 느끼지 못합니다. 밥과 물이 닿지 않는 영역에서 시가 빛을 발합니다. 오히려 척박하고 어려운 현실일수록 더욱 필요한 것이 시입니다.

시인들은 뼈를 깎는 구도자의 정신으로 시를 쓰기 때문에 시에서 우리는 빛나는 정신을 만날 수 있습니다. 그래서 시는 우리 영혼의 영역에서 가장 빛을 발하며, 몸이라는 시스템의 윤활유이자 에너지의 원천이 됩니다.

시는 시대와 인간의 삶을 반영하는 것이지만, 특수한 시대를 산 시인들의 시에서 그 시대의 특성만을 읽어낸다면 시의 울림은 아주 작은 공간에 갇힌 채 사라질 것입니다. 예를 들어 일제 강점기를 산 시인들의 시에서 현실 반영만을 읽는 건 바른 감상이 아니지요. 그래서 시가 가지고 있는 고유한 맛을 느낄 수 있도록 감상평을 어느 한 부분에 한정시키지 않았습니다.

우리가 두려움이나 즐거움 등의 감정을 느끼면 몸 안에서 호르몬이 분비됩니다. 사람의 호르몬은 몸 안에서만 순환하지만, 개미의 호르몬(페로몬)은 몸 바깥으로 나가 다른 개미들의 몸 안으로 들어간다고 합니다. 그래서 개미들은 어느 한 마리가 소리치거나 울려고 하면 수백만의 개미가 동시에 같은 상태가 된다고 합니다.

시에선 개미의 페로몬과 같은 것이 분비됩니다. 그래서 시를 읽는 독자들은 시가 가지고 있는 아름다운 정신과 고유한 에너지를 고스란히 느낄 수 있습니다.

여기 소개하는 106편의 시 속에는 서로 다른 정신과 에너지가 흐르고 있습니다. 각기 다른 개성을 가진 시의 영혼을 만나 보시기 바랍니다. 자기 아닌 타인을 만남으로써 인간과 세상의 다양성을 경험하는 기회가 될 것입니다.

Contents

PART 1 이육사

청포도 12
광야 14
꽃 16
초가 18
교목 20
절정 21
황혼 22
노정기 24
일식 26
호수 27
독백 28
파초 30

PART 2 노천명

사슴 34
가을의 구도 35
바다에의 향수 36
교정 38
돌아오는 길 40
고독 41
포구의 밤 42
말 않고 그저 가려오 44
성지 46
사월의 노래 47
생가 48
길 50
남사당 52
푸른 오월 54
하일산중 56
저녁별 58
봄의 서곡 60
어떤 친구에게 62
아름다운 새벽을 64
유월의 언덕 66
오월이 노래 68
추풍에 부치는 노래 70

꽃길을 걸어서 72
대합실 74
그대말을 타고 76
만추 78
봄비 80
언덕 82
님은 가시밭을 헤치고 84
들국화 86
이름없는 여인 되어 88

PART 3 김동환

꿈을 따라갔더니 92
산너머 남촌에는 94
봄이 오면 96
자장가 98
봄철의 바다 100
언제 오시나 102
우리 만나던 시절이 104
봄소낙비 106
봄놀이 107
눈이 내리느니 108
뱃사공의 아내 110

북청 물장사 112
국경의 밤 114
강이 풀리면 118
마음의 고향 119

PART 4 윤곤강

나비 122
면경 123
자화상 124
갈망 126
아지랑이 128
외가집 129
해바라기 130
가을 132
개똥벌레 133
황소 134
폐원 135
지렁이의 노래 136
진리에게 138
세월 140
엘레지 142
인경 144

피리 146
입추 149
밤차 150
바다에서 152
꽃 피는 달밤에 153
고백 154

PART 5 **김상용**

남으로 창을 내겠소 158
나 160
물고기 하나 161
노래 잃은 뻐국새 162
태풍 164
향수 167
한잔 물 168
마음의 조각 1 170
마음의 조각 2 171
마음의 조각 8 172
괭이 173

PART 6 이장희·김억·황석우·이상화
주요한·김동명

이장희
하일소경 176
고양이의 꿈 178
동경 180
청천의 유방 184
달밤 모래 위에서 186
봄은 고양이로다 187

김억
봄은 간다 188
삼수갑산 190

황석우
봄 192
앵 193

이상화
나의 침실로 194
빼앗긴 들에도 봄이 오는가 198

주요한
불놀이 201

김동명
파초 205
내 마음은 206

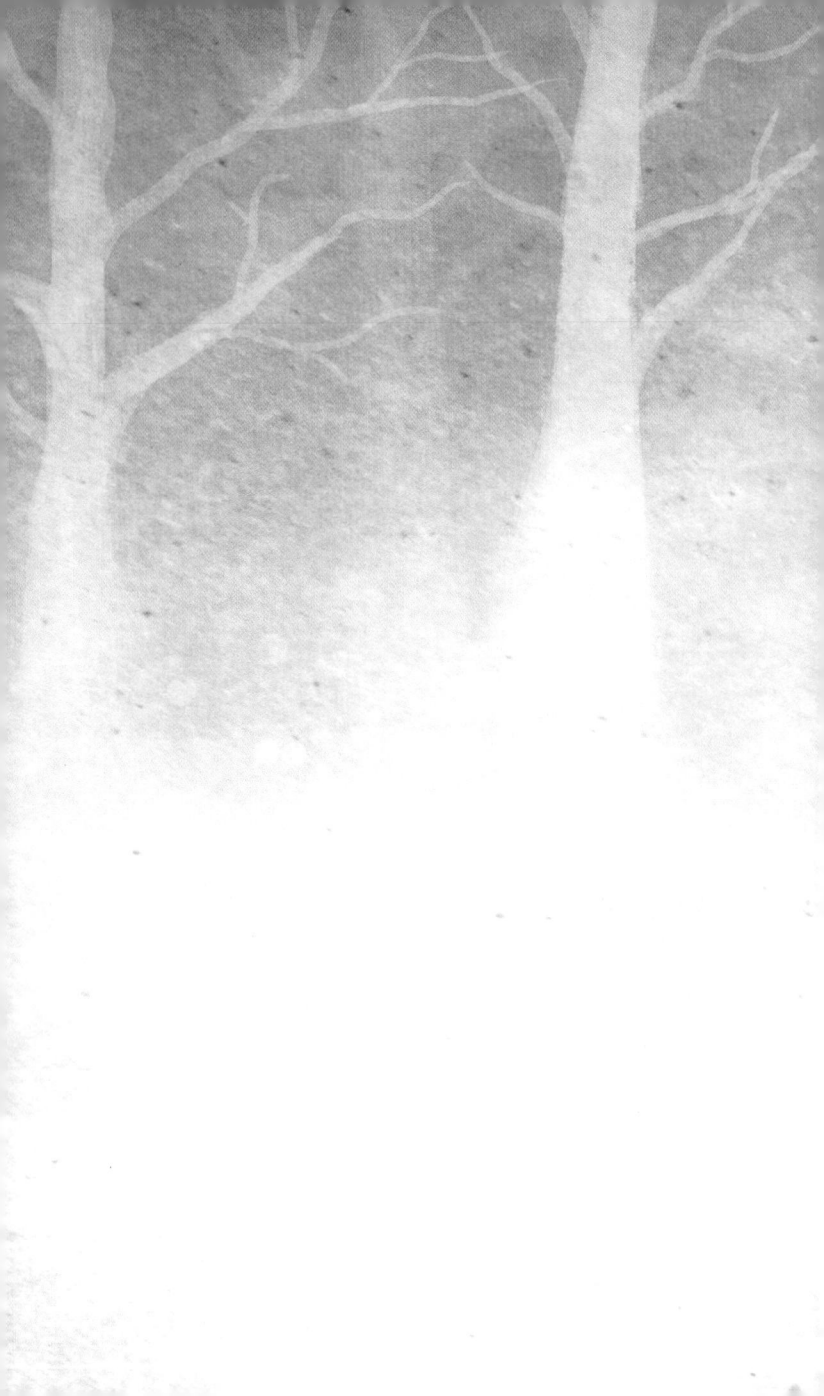

Part 1
이·육·사

1904년, 경상북도 안동군 도산면에서 태어났으며 본관은 진성(진보)이며, 퇴계 이황의 14대손이다. 한학을 수학하다가 도산공립보통학교에 진학하여 신학문을 배웠다. 이육사 동상·문단 등단 시기는 《조선일보》에 〈말〉을 발표한 1930년이다. 이육사란 필명은 대구형무소에 수감되어 받은 수인번호 '264'의 음을 딴 것이다. 언론인으로 일하면서 중국과 대구, 경성부를 오가면서 항일 운동을 하고 시인부락, 자오선 동인으로 작품도 발표했다. 1943년 국내에서 체포되어 베이징으로 압송되었고, 다음해인 1944년 1월 16일 베이징 주재 일본총영사관 감옥에서 구금중 순국했다. 유고시집 《육사시집》(1946)이 동생이자 문학평론가인 이원조에 의해 출간되었다.

청포도

내 고장 칠월은
청포도가 익어 가는 시절.

이 마을 전설이 주저리 주저리 열리고
먼 데 하늘이 꿈꾸며 알알이 들어와 박혀

하늘 밑 푸른 바다가 가슴을 열고
흰 돛단배가 곱게 밀려서 오면

내가 바라는 손님은 고달픈 몸으로
청포를 입고 찾아온다고 했으니

내 그를 맞아 이 포도를 따 먹으면
두 손은 흠뿍 적셔도 좋으련

아이야, 우리 식탁엔 은쟁반에
하이얀 모시 수건을 마련해 두렴

● ● 청포도는 이색적인 소재이다. 시의 느낌 또한 낭만적이고 이색적이다. 이 시를 색감으로 감상해 보자. 청포도 색깔과 흰색의 대비를 통해 희망을 던져주고 있다. 하늘 밑 푸른 바다, 흰 돛단배(3연) / 청포(4연) / 은쟁반, 모시 수건(6연)의 대비가 시원하다. 하얀 도포가 아닌 파란 도포(청포)를 입은 손님이 주는 이미지가 참 강렬하며 낭만적인 느낌을 준다.

광야 廣野

까마득한 날에
하늘이 처음 열리고
어디 닭 우는 소리 들렸으랴.

모든 산맥(山脈)들이
바다를 연모해 휘달릴때도
차마 이곳을 범하던 못하였으리라.

끊임없는 광음(光陰)을
부지런한 계절이 피어선 지고
큰 강물이 비로소 길을 열었다

지금 눈 내리고
매화향기 홀로 아득하니
내 여기 가난한 노래의 씨를 뿌려라

다시 천고(千古)의 뒤에
백마 타고 오는 초인(超人)이 있어
이 광야(廣野)에서 목놓아 부르게 하리라

● ● ● 언제 보아도 웅장하고 스케일이 크게 느껴지는 시이다. 이렇게 웅장한 느낌을 주는 한국 시는 드물다. 시의 공간적 배경이 하늘에서 산맥, 강물, 나로 좁혀지는데도 그 웅장함은 전혀 줄어들지 않고 오히려 제4연의 '노래의 씨를 뿌리'는 행위에서 생명의 탄생을 예지함으로써 그 느낌이 더욱 확장된다. 게다가 마지막 연에서 '백마 타고 오는 초인'이라는 구체적인 희망이 제시되어 기다림에 대한 확신까지 갖게 해 준다.

그리고 연마다 살아 움직이는 동사가 쓰였다. 1연에서는 하늘이 열리고 닭이 울고, 제2연에서는 산맥들이 휘달리고, 제3연에서는 계절이 피었다 지고 큰 강물이 길을 열고, 제4연에서는 눈 내리고 노래의 씨를 뿌린다. 제5연에서는 백마 타고 온 초인이 광야에서 목을 놓아 (노래를 혹은 이름을…) 부른다.

이육사

꽃

동방은 하늘도 다 끝나고
비 한방울 나리잖는 그때에도
오히려 꽃은 빨갛게 피지 않는가
내 목숨을 꾸며 쉬임없는 날이여

북쪽 쓴드라에도 찬 새벽은
눈속 깊이 꽃 맹아리가 움자겨려
제비떼 까맣게 날라오길 기다리아니
마침내 저바리지 못할 약속(約束)이여

한 바다 복판 용솟음 치는 곳
바람결 따라 타오르는 꽃성(城)에는
나비처럼 취하는 회상(回想)의 무리들아
오늘 내 여기서 너를 불러 보노라

● ● 정형시의 느낌이다. 3연이 모두 4행을 구성하고 있는 형식과 비슷한 음보에서 그런 느낌을 받는다. 꽃이 주는 부드러운 여성 이미지는 없다. 비 한 방울 내리지 않는데도 빨갛게 피는 꽃, 눈 속 깊은 곳에서 움적거리는 꽃몽오리, 바다 한복판에서 타오르는 꽃 성. 저버리지 못하는 약속을 가지고 큰 소리로 너를 부르는 사나이의 의지가 꽃의 성을 이루고 있다. 그러니까 꽃이라는 시각적인 이미지보다 나무가 꽃을 피워내는 과정을 더 강조하고 있다.

초가 草家

구겨진 하늘은 묵은 애기책을 편 듯
돌담울이 고성같이 둘러싼 산기슭
박쥐 나래 밑에 황혼이 묻혀오면
초가 집집마다 호롱불이 켜지고
고향을 그린 묵화 한 폭 좀이 쳐.

띄엄띄엄 보이는 그림 조각은
앞밭에 보리밭에 말매나물 캐러 간
가시내는 가시내와 종달새 소리에 반해

빈 바구니 차고 오긴 너무도 부끄러워
숨래짠 두 뺨 위에 모매꽃이 피었고.

그네 줄에 비가 오면 풍년이 든다더니
앞내강에 씨레나무 밀려나리면
젊은이는 젊은이와 뗏목을 타고
돈 벌러 항구로 흘러간 몇 달에
서릿발 잎져도 못 오면 바람이 분다.

피로 가꾼 이삭에 참새로 날아가고
곰처럼 어린 놈이 북극을 꿈꾸는데
늙은이는 늙은이와 싸우는 입김도

벽에 서려 성에 끼는 한겨울 밤은
동리(洞里)의 밀고자(密告者)인 강물조차 얼붙는다.

● ● ● 시의 첫부분 하늘이 구겨졌다는 표현은 흔한 표현이 아니다. 1연의 '고향을 그린 묵화 한 폭 좀이 쳐'라는 구절로 보아 아마 초가가 그려진 그림을 보며 고향을 회상하고 그리워하는 듯하다.
사계절의 모습이 다 담겨 있다. 2연 3연은 나물 캐러 가는 풍경과 종달새 소리가 들리는 봄, 4연의 씨레나무 밀려나린다는 말로 보아 여름 장마 때의 고향을 보고 있다. 4연 2행의 '씨레나무'는 홍수가 나서 쓸려 내리는 나무를 말한다. 구체적이진 않으나 '서릿발 입저도(잎 떨어져도)'는 가을 풍경이고, 마지막 연은 한겨울 밤을 상상하고 있다. 지사 아니랄까 봐, 강물을 '동리의 밀고자'로 표현한 것이 재미있다. 밀고자의 입마저 얼어버린 겨울이다.

교목 喬木

푸른 하늘에 닿을 듯이
세월에 불타고 우뚝 남아서서
차라리 봄도 꽃피진 말아라.

낡은 거미집 휘두르고
끝없는 꿈길에 혼자 설내이는
마음은 아예 뉘우침이 아니라.

검은 그림자 쓸쓸하면
마침내 호수(湖水) 속 깊이 거꾸러져
차마 바람도 흔들진 못해라.

● ● ● 소나무, 향나무, 감나무 등, 줄기가 곧고 굵으며 높이가 8미터를 넘는 나무를 교목이라고 한다. 육사는 퇴계 이황 선생의 14대 손으로 경북 안동에서 출생하였다. 형, 아우와 함께 대구 의혈단에 가입한 후, 북경 등지를 갔다가 조선은행 대구지점 폭파사건에 연루되어 옥고를 치르는 등 17번 이상 투옥되었다. 수인번호 64에서 이름을 따온 것은 잘 알려진 사실. 교목으로써 흔들림 없는 의지를 나타내는데, 특히 3연에 '그림자 쓸쓸하면 바람이 흔들지 못하도록 차라리 호수 속 깊이 거꾸러진다'는 표현이 놀랍다. 바람이 물속까지 따라 들어가 나무를 흔들진 못하리라.

절정 絕頂

매운 계절의 채쭉에 갈겨
마츰내 북방으로 휩쓸려 오다

하늘도 그만 지쳐 끝난 고원
서리빨 칼날진 그 우에서다

어데다 무릎을 꿇어야 하나
한발 재겨 디딜곳조차 없다

이러매 눈 감아 생각해 볼밖에
겨울은 강철로 된 무지갠가 보다

● ● 필요 없는 살이 다 제거되고, 간결한 뼈대만 남은 한시를 읽는 느낌이 든다. 마치 일제에 쫓겨 다니며 독립운동을 한 사람의 행적을 차례대로 표현해 놓은 것처럼. 이렇게 간결한 시에서 느껴지는 서사는 더욱 강하게 다가온다. 그런 걸 뒷받침하듯 시에는 강한 시어가 많이 들어 있다. 매운 계절, 채쭉, 북방, 휩쓸려 오다, 서리빨, 칼날, 무릎 꿇어, 겨울, 강철 등. 어떤 고난이나 환경에도 굴하지 않는 사람의 모습이 눈에 훤하게 떠오른다.

황혼

내 골방의 커-텐을 걷고
정성된 마음으로 황혼을 맞아드리노니
바다의 흰 갈매기들 같이도
인간은 얼마나 외로운 것이냐.

황혼아, 네 부드러운 손을 힘껏 내밀라.
내 뜨거운 입술을 맘대로 맞추어 보련다.
그리고 네 품안에 안긴 모든 것에게
나의 입술을 보내게 해 다오.

저 십이(十二) 성좌(星座)의 반짝이는 별들에게도,
종소리 저문 삼림(森林) 속 그윽한 수녀(修女)들에게도,
시멘트 장판 위 그 많은 수인(囚人)들에게도,
의지 가지 없는 그들의 심장(心臟)이 얼마나 떨고 있는가.

고비사막을 걸어가는 낙타 탄 행상대에게나,
아프리카 녹음(綠陰) 속 활 쏘는 토인(土人)들에게라도,
황혼아, 네 부드러운 품안에 안기는 동안이라도
지구(地球)의 반(半)쪽만을 나의 타는 입술에 맡겨 다오.

내 오월(五月)의 골방이 아늑도 하니
황혼아, 내일(來日)도 또 저 푸른 커튼을 걷게 하겠지.
암암(暗暗)히 사라지는 시냇물 소리 같아서
한 번 식어지면 다시는 돌아올 줄 모르나 보다.

●● 육사의 다른 시에서 볼 수 없었던 다소 감상적인 모습이 보인다. 바다의 흰 갈매기같이 외롭다거나 황혼의 뜨거운 입술을 맞추어 보련다고 진술하고 있다. 어휘도 많이 부드럽다. 골방의 커튼을 걷어내고 황혼을 바라보는 시인은 그러나 눈 앞의 공간만 보지 않는다. 십이 성좌, 삼림, 고비사막, 아프리카 녹음 등으로 공간을 확장시키며 그곳에 있는 동시대인들 중 특히 소외된 사람들을 떠올린다. 지구의 반쪽만을 타는 입술에 맡겨 달라는 시인은 의지만 강한 것이 아니라 생각의 공간도 넓다.

노정기 路程記

목숨이란 마치 깨어진 배쪼각
여기 저기 흩어져 마을이 구죽죽한 어촌(漁村)보담
어설프고
삶의 틔끌만 오래 묵은 포범(布帆)처럼 달아매였다

남들은 기뻤다는 젊은 날이었건만
밤마다 내 꿈은 서해를 밀항(密航)하는 짱크와 같애
소금에 절고 조수에 부프러 올랐다.

항상 흐렸한 밤 암초(暗礁)를 벗어나면 태풍(颱風)과 싸워가고
전설(傳說)에 읽어 본 산호도(珊瑚島)는 구경도 못하는
그곳은 남십자성(南十字星)이 비쳐 주도 않았다

쫓기는 마음 지친 몸이길래
그리운 지평선(地平線)을 한숨에 기오르면
시궁치는 열대식물처럼 발목을 오여 쌌다

새벽 밀물에 밀려온 거미이냐
다 삭아빠진 소라 껍질에 나는 붙어 왔다.
머-ㄴ 항구의 노정(路程)에 흘러간 생활을 드려다 보며

● ● ● 대체로 시어가 어둡고 그래서 시의 분위기가 무겁다. 목적지에 이르기까지 힘들었던 상황을 어떻게 표현(비유)했는지 보자. 목숨-깨어진 배쪼각, 삶-오래 묵은 포범(-베돛), 꿈-서해를 밀항(密航)하는 쨩크, 나-다 삭아빠진 소라 껍질에 붙어 새벽 밀물에 밀려온 거미. '항상 흐릿한 밤을 벗어나면 태풍'이요, 어떤 지표로 삼을 남십자성도 뜨지 않았다. '쫓기고 지친 몸'으로 그리운 지평선을 오르면 질척한 시궁치(시궁창 근처)가 발목을 잡는다. 어려운 상황은 뜻하지 않은 의지를 불러일으키는 계기가 되어 주기도 한다. 이 시에는 시인의 어떤 의지나 희망 같은 것은 보이지 않고 다만, 제목에서 보는 것처럼 어떤 목적지나 목표를 향해 가는 과정을 그리고 있다.

일식 日蝕

쟁반에 먹물을 담아 비쳐 본 어린 날
불개는 그만 하나밖에 없는 내 날을 먹었다.

날과 땅이 한 줄 위에 돈다는 고순간(瞬間)만이라도
차라리 헛말이기를 밤마다 정녕 빌어도 보았다.

마침내 가슴은 동굴(洞窟)보다 어두워 설레인고녀
다만 한 봉오리 피려는 장미 벌레가 좀 치렸다.

그래서 더 예쁘고 진정 덧없지 아니하냐
또 어데 다른 하날을 얻어
이슬 젖은 별빛에 가꾸련다.

● ● 불개는 '일식이나 월식 때 해나 달을 먹는다고 하는 상상의 짐승'이다. 「광야」에서는 시간을 확장시켰고, 「황혼」에서는 공간을 확장시켜 독자의 시선을 시원하게 넓혀 주었다면, 이 시는 일식이 일어난 순간에만 집중했다. 불개가 해를 잡아먹어 가슴이 동굴보다 어두워졌지만 '어데 다른 하날' 얻어 이슬 젖은 별빛에 가꾸겠다는 긍정적인 모습을 보여준다.

호수 湖水

내어달리고 저운 마음이련마는
바람 씻은 듯 다시 명상하는 눈동자

때로 백조(白鳥)를 불러 휘날려 보기도 하건만
그만 기슭을 안고 돌아누워 흑흑 흐느끼는 밤

희미한 별 그림자를 씹어 놓이는 동안
자줏빛 안개 가벼운 명상같이 나려씌운다

● ● 1연 1행에 낯선 낱말이 등장한다. '저운'은 '싶은'의 경상도 방언이다. 안개 드리운 호수에 자신의 심정을 투사하였다. 이런 방법은 서정시의 전형적인 모습이다. 날아가는 새를 보며 자유 의지를 담고, 활짝 핀 꽃에 어떤 욕망을 담는 등. 내달리고 싶은 마음을 누르며 명상하고, 때로는 휘날리는 백조를 불러 출렁여도 보지만 지금은 돌아누워 흐느끼고 있다. 여기까지는 여성적인 분위기를 가지고 있는데, 3연의 '별 그림자를 씹는다'는 표현을 보면 '명상'과 '흐느낌'이 단순한 행위가 아니라는 것을 알 수 있다.

독백 獨白

운모(雲母)처럼 희고 찬 얼굴
그냥 주검에 물든줄 아나
내 지금 달 아래 서서 있네

높대보다 높다란 어깨
얕은 구름쪽 거미줄 가려
파도나 바람을 귀밑에 듣네

갈메긴양 떠도는 심사
어데 하난들 끝간델 아리
으룻한 사념(思念)을 기폭(旗幅)에 흘리네

선창(船窓)마다 푸른막 치고
촛불 향수(鄕愁)에 찌르르 타면
운하(運河)는 밤마다 무지개 지네

박쥐같은 날개나 펴면
아주 흐린날 그림자 속에
떠서는 날잖는 사복이 됨세

닭소리나 들리면 가랴
안개 뽀얗게 나리는 새벽
그곳을 가만히 나려서 감세

● ● 1941년에 발표된 작품으로 육사의 말기 작품에 속한다. 때로 보이던 격한 감정의 느낌이 전혀 없이 차분하다. 시인의 생각이 담겨 있는 부분은 5연이다. 5연 3행의 '사복'은 '사북'의 옛말로, 가위의 두 날이 교차하는 곳에 박은 못이나 문고리를 박는 데 돌쩌귀처럼 쓰이는 물건을 말한다. '압정'의 뜻으로 사용한 것으로 보인다.
 '흐린 날 그림자'는 맑은 날보다 뚜렷하게 보이지 않는다. 그 그림자 속에 날지 않는 사북이 되자는 독백은 사뭇 비장하여 어떤 토를 달 수가 없다. '그래, 안개 뽀얗게 내리는 새벽 함께 길을 떠나세'라고밖에는 말할 수 없다.

파초 芭蕉

항상 앓는 나의 숨결이 오늘은
해월(海月)처럼 게을러 은빛 물결에 뜨나니

파초(芭蕉) 너의 푸른 옷깃을 들어
이닷 타는 입술을 추겨주렴

그 옛쩍 사라센의 마지막 날엔
기약(期約)없이 흩어진 두날 넋이었어라

젊은 여인들의 잡아 못는 소매끝엔
고은 소금조차 아즉 꿈을 짜는데

먼 성좌(星座)와 새로운 꽃들을 볼때마다
잊었던 계절을 몇 번 눈우에 그렷느뇨

차라리 천년 뒤 이 가을 밤 나와 함께
빗소리는 얼마나 긴가 재어보자

그리고 새벽하늘 어데 무지개 서면
무지개 밟고 다시 끝없이 헤여지세

● ● 육사의 거의 모든 작품은 두 행이나 세 행 혹은 네 행이 한 연을 이루는 형식으로 되어 있다. 그런 형식에 육사 시에서만 느낄 수 있는 리듬감이 있다. 그것이 육사 시가 독자들에게 널리 사랑받는 이유 중 하나가 아닐까 생각된다. 이 시는 1941년에 발표된 작품으로 말기 작품에 속한다. 2연 2행의 '이닷'은 '이다지도'라는 뜻의 부사이고, 4연 2행의 '소금'은 '손금'의 잘못이다. 6연 2행의 빗소리가 얼마나 긴가 재어보자는 표현이 새롭고, 마지막 연에서 무지개 밟고 다시 만나보자고 하지 않고 끝없이 헤어지자는 표현에서 활동적이고 미래지향적인 성품이 엿보인다.

Part 2
노 · 천 · 명

황해도 장연 출생으로 본명은 노기선(盧基善)이다. 진명여자고등보통학교와 이화여자전문학교 영문과를 졸업했다. 1932년 〈밤의 찬미〉를 발표하며 등단한 이후 《조선중앙일보》, 《조선일보》, 《매일신보》에서 기자로 근무하면서 창작 활동을 했으며, "모가지가 길어서 슬픈 짐승이여"로 시작되는 시 〈사슴〉이 대표작이다. 독신으로 살았던 노천명의 시에는 주로 개인적인 고독과 슬픔의 정서가 부드럽게 표현되고 있으며, 전통 문화와 농촌의 정서가 어우러진 소박한 서정성, 현실에 초연한 비정치성이 특징이다.

사슴

모가지가 길어서 슬픈 짐승이여
언제나 점잖은 편 말이 없구나.
관(冠)이 향기로운 너는
무척 높은 족속이었나 보다.

물 속의 제 그림자를 들여다보고
잃었던 전설을 생각해 내고는
어찌할 수 없는 향수에
슬픈 모가지를 하고 먼 데
산을 쳐다본다.

● ● 노천명 시인은 사슴처럼 슬프고 기구한 인생을 살다 갔다. 일제 강점 말기에는 태평양전쟁을 찬양하는 친일적인 작품을 남겼고, 6·25 때는 피난을 가지 않고 문학가동맹에 가담하여 부역한 혐의로 투옥되기도 했다.
'관이 향기로운' 이나 '먼 데 산을 쳐다보는' 사슴은 마법에 걸려 사슴으로 변한 왕자가 아닐까 하는 생각이 든다. 말은 못 하지만 물 속의 제 그림자를 들여다보고 전설을 생각해 내는 쓸쓸한 왕자.

가을의 구도 構圖

가을은 깨끗한 시악시처럼
맑은 표정을 하는가 보면 또
외로운 여인네 같이 슬픈 몸짓을 지녔습니다.
바람이 수수밭 사이로
우수수 소리를 치며 설레고 지나는 밤엔

들국화가 달 아래 유난히 희어 보이고
건너 마을 옷 다듬는 소리에
차가움을 머금었습니다.
친구여! 잠깐 우리가 멀리 합시다.
호수 같은 생각에 혼자 가만히
잠겨 보고 싶구려…

● ● ● 가을의 쓸쓸한 분위기가 잘 묘사되어 있다. 시인은 그 쓸쓸함에서 벗어나기보다는 혼자 가만히 잠겨 보고 싶다고 고백한다. 친구를 불러 함께 있고 싶은 게 아니라 멀리 하자고 한다. 외로움을 타고난 듯 보인다.

노천명

바다에의 향수

기억에 잠긴 남빛 바다는 아드윽하고
이를 그리는 정열은 걷잡지 못한 채
낯선 하늘 머언 뭍 우에서
오늘도 떠가는 구름으로 마음을 달래보다

지금쯤 바다 저편에 칠월의 태양이 물 우에 빛나고
기인 항해에 지친 배의 육중스런 몸뚱이는
집시-의 퇴색한 꿈을 안고 푸른 요 우에 딩굴며
낯익은 섬들의 기억을 뒤적거리며……

푸른 밭을 갈아 흰 이랑을 뒤에 남기며
장엄한 출범은 이 아침에도 있었으리……
늠실거리는 파도-바다의 호흡-흰 물새-
오늘도 내 마음을 차지하다

● ● ● 각 연마다 색깔이 대비를 이루고 있다. 그것은 시각적인 효과이기도 하고 심리적인 표출이기도 하다. 1연-남빛 바다 / 정열, 물 / 구름, 2연-칠월 태양 / 푸른 요(바다), 3연-푸른 밭(바다) / 흰 이랑(물거품), 파도 / 흰 물새. 바다와 바다 주변 풍광의 묘사이면서 눈앞에 보이는 풍광들이 자연스러운 조화를 이루지 못하고 있다. '떠가는 구름', '푸른 요 위에 뒹구는 배'가 눈앞의 바다를 보며 기억 속에 있는 고향 바다를 그리워하고 있는 시인의 쓸쓸한 심사를 대신 말해 주고 있다. 시인은 주변 사물에 그렇게 고독한 마음을 투사하고 있다.

노천명

교정

흰 양옥이 푸른 나무들 속에
진주 속에 빛나는 오후—
닥터 노엘의 조울리는 강의를 듣기보다 젊은 학생들은
건너편 포푸라나무 우로 드높이 날리는 깃발 보기를
더 좋아했다

향수가 물이랑처럼 꿈틀거린다
퍼덕이는 깃발에 이국 정경이 아롱진다
지향 없는 곳을 마음은 더듬었다

낯선 거리에서 금발의 처녀를 만났다
깊숙이 들어간 정열적인 그 눈이
이국소녀를 응시하면
'형제여!'
은근히 뜨거운 손을 내밀리라

푸른 포푸라나무!
흰 양옥!
붉은 깃발!
내 제복과 함께 잊혀지지 않는 정경이여……

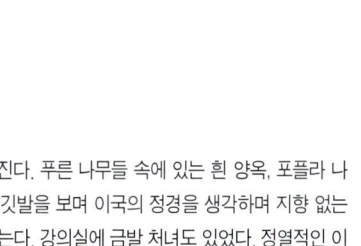

● ● 풋풋한 분위기가 느껴진다. 푸른 나무들 속에 있는 흰 양옥, 포플라 나무 위로 바람에 날리는 깃발. 깃발을 보며 이국의 정경을 생각하며 지향 없는 곳으로 날아가는 마음을 더듬는다. 강의실에 금발 처녀도 있었다. 정열적인 이국 소녀와 눈이 마주치면 '형제'라고 말하며 뜨거운 손을 내밀겠다니, 마음의 세계화가 이미 이루어진 열린 마음을 갖고 있다.
파룻한 학생 시절의 분위기를 마지막 연에서 시각적으로 산뜻하게 마무리하고 있다. 푸른 나무, 흰 양옥, 붉은 깃발. 세 가지 색이 발랄한 분위기를 잘 표현해 주고 있다.

돌아오는 길

차마 못 봐 돌아서오며 듣는 기차소리는
한나절 산골의 당나귀 울음보다 더 처량했다

포도 우에 소리없이 밤안개가 어린다
마음속엔 고삐 놓은 슬픔이 딩군다

먼-한길에 걸음이 안 걸려
몸은 땅속에 잦아들 것만 같구나

거리의 플라타너스도 눈물겨운 밤
일부러 육조(六曹) 앞 먼 길로 돌았다

길바닥엔 장미꽃이 피었다-사라졌다-다시 핀다
해저(海底)의 소리를 누가 들은 적이 있다더냐

● ● 기차소리를 산골 당나귀 울음에 비유해 처량함을 강조하였다. 2연의 '고삐 놓은 슬픔'이 마음속에 얼마나 헤집고 다닐지 상상이 간다. 슬픔을 수식하는 '고삐 놓은'이라는 말에 슬픔이 배가되고 있다. 마음속은 그렇고 몸은 땅속으로 잦아든다니, 몸과 마음의 힘겨움이 절절하게 표현되어 있다. 누구를 어디에 놓고 돌아서는 길이었을까……

고독

변변치 못한 화를 받던 날
어린애처럼 울고 나서
고독을 사랑하는 버릇을 지었습니다

번잡이 이처럼 싱그러울 때
고독은 단 하나의 친구라 할까요

그는 고요한 사색의 호숫가로
나를 달래 데리고 가
내 이지러진 얼굴을 비추어줍니다

고독은 오히려 사랑스러운 것
함부로 친할 수도 없는 것-
함부로 가까이하기도 어려운 것인가 봐요

● ● ● 버리지 못할 바에야 차라리 사랑해 버리고, 떼어내지 못할 바에야 아예 친구로 삼고, 그러다 보니 친분 관계 그 이상을 넘어 고독이 오히려 나를 달래 호숫가로 데리고 간다. 고독이라는 존재, 함부로 친하기 어렵고 함부로 가까이 하기 싫은 존재. 그러기에 아무리 사랑해 보려 해도 이지러진 얼굴을 감추긴 어렵겠다.

포구의 밤

마술사 같은 어둠이 꿈틀거리며
무거운 걸음새로 기어드니
찌푸린 하늘엔 별조차 안 보이고
바닷가 헤매는 물새의 울음소리
엄마 찾는 듯…… 내 애를 끓네

한가람 청풍(淸風) 물 위를 스치고 가니
기슭에 나룻배엔 등불만 조을고
사공의 노랫가락 마디마디 구슬퍼
호수같이 고요하던 마음바다에 잔물살 이니
한때의 옛 곡조 다시 떠도네

이 바다 물결에 내 노래 띄워-
그 물결 닿는 곳마다 펼쳐나 보리
바위에 부딪히는 구원의 물소리

내 그윽한 느낌에 눈감고 듣노니
마산포(馬山浦)의 밤은 말없이 깊어만 가는데…

● ● 마술사 같은 어둠이 무거운 걸음걸이로 기어드니, 깜깜한 밤이다. 물새도 잠들어야 할 시각이건만 엄마와 헤어졌는지, 애가 끓게 울어댄다. 기슭 나룻배에 깜빡깜빡 조는 등불, 사공은 구슬픈 노래를 부르고 있다. 그 노랫소리에 고요했던 마음에 물살이 인다. 몸은 고독한 이곳을 떠나지 못하지만 바다 물결 따라 노래라도 띄워 보낸다. 노래는 멀리 멀리로 퍼져나가게 두고, 물소리를 들으며 깊어가는 마산포의 밤을 음미한다. 마산포의 밤을 따라 깊어가는 건 시인의 고적함.

말 않고 그저 가려오

말보다 아름다운 것으로 내 창을 두드려 놓고
무거운 침묵 속에 괴로워 허덕이는
인습의 약한 아들을 내 보건만
생명이 다하는 저 언덕까지 깨지 못할 꿈이라기
나는 못본 채 그저 가려오

호젓한 산길 외롭게 떨며 온 나그네
아늑한 동산에 들어 쉬라하니
이 몸이 찢겨 피 흐르기로
그 길이 험하다 사양했으리

'생'의 고적한 거리서 그대 날 불렀건만
내 다리 떨렸음은ㅡ
땅 우의 가시밭도 연옥의 불길도 다 아니었소
말없이 희생될 순한 양 한 마리
……다만 그것뿐이었소……

위대한 아픔과 참음이 그늘지는 곳
영원한 생명이 깃들일 수 있나니
그대가 낳아준 푸른 가락 고운 실로
내 꿈길에 수놓아가며 나는 말 않고 그저 가오
못 본 채 그냥 가려오……

● ● 요즘 발표되는 현대시를 감상할 때 시의 화자와 시인을 동일하게 생각하는 것은 큰 오류이다. 물론 시의 화자와 시인이 전혀 다른 사람이라고 할 수 없지만, 또한 같은 사람이라고 할 수 없기 때문이다. 간접적인 체험을 내가 체험한 것인 양 쓰기도 하고, 직접적인 체험을 에둘러 표현하기도 한다.
'위대한 아픔과 참음이 그늘지는 곳'(4연 1행)이라는 구절을 대하면서 노천명 시인의 개인적인 삶을 생각하게 된다. 이 시에서는 시의 화자와 시인을 동일시해도 큰 무리는 없을 듯하다. 이루어질 수 없는 관계, 내 뜻대로 밀고 나갈 수 없는 운명을 그저 참고 받아들이겠다는 의지가 결연해서 안쓰럽다.
그대는 인습의 약한 아들, 호젓한 산길 외롭게 떨며 온 나그네, 말없이 희생될 순한 양 한 마리이다. 그대는 푸른 가락 고운 실을 낳아 주었다. 그 실로 꿈길에 수놓아가며 말 않고 그저 가는 수밖에. 운명이자 숙명의 실로 삶의 틀에 수놓을 수밖에 없다. 어떻게 수를 놓든 그것이 내 얼굴이다.

노천명

성지 城址

머루와 다래가 나는 산골에 자란 큰애기라
혼자서 곧잘 산에 오르기를 좋아합니다
깨어진 기와편에서 성터의 옛얘기를 주우며
입다문 석문에 삼켜버린 전설을 바라봅니다

하늘엔 흰구름이 흘러 흘러가고-
젊은이의 가슴은 애수가 지그웃이 무는 가을
서반아풍의 기인 머리를 땋아 두른
여인은 지나간 꿈을 뒤적거립니다.
실은 서럽지도 않은 이야기들인 것이
저 벌레와 함께 이처럼 울고 싶어집니다
하기사 그때도 이렇게 갈-대가 우거지고
들국이 핀 언덕-
동으로 낮차가 달리는 곳-
두 줄 철로를 말없이 말없이 바라보았지라우

● ● 성터에 깨어져 뒹구는 기와 조각을 보며 옛 전설을 떠올리듯이, 꿈을 뒤적여 꺼낸 이야기를 생각하며 울고 싶어진다. 그 이야기에 서러운 사연이 있는 건 아니지만 지나간 이야기라는 사실에 공연히 서러워진다. '성터'라는 공간과 '추억'이라는 공간이 맞닿아 '기와조각' 같은 '깨어진 이야기'를 떠올려 보고 있다.

사월의 노래

사월이 오면, 사월이 오면은……
향기로운 라일락이 우거지리
회색빛 우울을 걷어 버리고
가지 않으려나 나의 사람아
저 라일락 아래로— 라일락 아래로

푸른 물 다담뿍 안고 사월이 오면
가냘픈 맥박에도 피가 더하리니
나의 사람아 눈물을 걷자
청춘의 노래를 사월의 정령을
드높이 기운차게 불러 보지 않으려나

앙상한 얼굴의 구름을 벗기고
사월의 태양을 맞기 위해
다시 거문고의 줄을 골라
내 노래에 맞추지 않으려나 나의 사람아!

● ● ● 이별의 두려움이 담뿍 배어 있다. 사월이 오면 나의 사람이 오고, 라일락이 우거지면 그와의 관계도 우거지지 않으려나. 사월이 담뿍 안고 있는 푸른 물처럼 내 몸에 피가 더하고 사월의 정령과 함께 청춘의 노래를 불러 보고 싶어라. 4월의 태양 아래 거문고 줄을 고르면서 부르는 노래로 그를 잡고만 싶다. 될수록 긴 노래를 불러야 하리, 그의 떠남을 늦추려면.

노천명

생가

뒤울안 보루쇠 열매가 붉어오면
앞산에서 뻐꾸기가 울었다
해마다 다른 까치가 와 집을 짓는다던
앞마당 아라사버들은 키가 커 늘 쳐다봤다

아랫말과 웃동리가 넓어 뵈던 촌에선
단오의 명절이 한껏 즐겁고……
모닥불에 강냉이를 구워먹던 아이들
곧잘 하늘의 별 세기를 내기했다

강가에서 갯(江)비린내가 유난히
풍겨오는 저녁엔 비가 온다던
늙은이의 천기예보는 틀린 적이 없었다

도적이 들고 난 새벽녘처럼 호젓한 밤
개 짖는 소리가 덜 좋아
이불 속으로 들어가 묻히는 밤이 있었다

● ● 1연 1행의 보루쇠와 1연 4행의 아라사버는 사전에도 나와 있지 않지만, 그 외 어려운 시어도 없고 기교나 시적 수사가 없어 쉽게 읽히는 시다. 모닥불에 강냉이를 구워 먹고, 깜깜한 밤하늘의 별을 세는 행위는 오래전 추억 속의 일들이다. 노천명의 시가 주로 그러하듯 고향(자연)의 풍경을 회상하고 거기에서 있었던 옛 일들을 그리워하고 있다. 3연의 천기(일기)를 정확히 예보했던 노인은 고향을 상징하는 인물로서 흔들릴 때마다 마음을 다잡아 주지 않을까.

길

솔밭 사이로 솔밭 사이로 걸어들어가자면
불빛이 흘러나오는 고가(古家)가 보였다

거기-
벌레 우는 가을이 있었다
벌판에 눈 덮인 달밤도 있었다

흰 나리꽃이 향을 토하는 저녁
손길이 흰 사람들은
꽃술을 따 문 병풍의
사슴을 이야기했다

솔밭 사이로 솔밭 사이로 걸어가자면
지금도
전설처럼
고가(古家)엔 불빛이 보이련만

숱한 이야기들이 생각날까봐
몸을 소스라침은
비둘기같이 순한 마음에서……

● ● 과거를 회상하는 시이다. 현재가 만족스럽지 않을 때 과거를 회상한다고 한다. 솔밭 사이로 걸어 들어가면 만나는 고가, 그곳에서 보냈던 벌레 우는 가을, 눈 덮인 달밤, 흰 나리꽃이 향을 토하는 저녁 그리고 병풍 속의 사슴을 이야기하던 사람들을 회상하고 있다.
그런데 마지막 연에서 보면 그런 이야기들을 떠올리는 것을 매우 조심스러워하고 있다. 왜 그럴까? 지금 위치해 있는 현실과 너무 동떨어진 이야기라서, 너무 동떨어져 그곳으로 갔다가 다시 이곳으로 오는 길을 찾지 못할까 봐……

노천명

남사당

나는 얼굴에 분을 하고
삼단 같은 머리를 땋아 내린 사나이

초립에 쾌자를 걸친 조라치들이
날라리를 부는 저녁이면
다홍치마를 두르고 나는 향단이가 된다.

이리하여 장터 어느 넓은 마당을 빌려
램프불을 돋운 포장(布帳) 속에선
내 남성(男聲)이 십분 굴욕되다.

산 넘어 지나온 저 촌엔
은반지를 사 주고 싶은
고운 처녀도 있었건만

다음 날이면 떠남을 짓는
처녀야
나는 집시의 피였다.

내일은 또 어느 동리로 들어간다냐.

우리들의 도구를 실은
노새의 뒤를 따라
산딸기의 이슬을 털며
길에 오르는 새벽은

구경꾼을 모으는 날라리 소리처럼
슬픔과 기쁨이 섞여 핀다.

● ● ● 노천명의 대표작 중의 하나이다. 노천명은 어린 시절에 아들을 원했던 부모님 때문에 남장을 하며 지냈다고 한다. 그때의 경험이 이 시를 쓰게 했을 것이다. 남사당은 남자들로 이루어진 놀이패로 여러 곳을 떠돌며 춤과 노래를 하며 먹고사는 사람들이다. 노천명은 여자이면서 남장을 했지만, 이 시의 화자는 남자이면서 여장(향단이 분장)을 한 것에 비애를 느끼고 있다. 노천명의 과거와 시의 주인공의 처지는 정반대이지만 그 반대 상황이 비애를 더 객관적으로 느끼게 해 준다.

여장을 한 상태, 즉 남성의 존재를 굴욕당하는 처지에서 은반지를 주며 사랑 고백을 하고 싶었던 고운 처녀를 떠올리는 상황 설정은 그 굴욕을 십분 더 생생하게 공감할 수 있게 한다.

끝부분의 두 연에서, '산딸기의 이슬을 털며 길 떠나는 새벽'에 느끼는 감정에는 '슬픔과 기쁨이 섞여' 있다. 그런 것이 꼭 유랑인만 느끼는 감정이 아닐 터, 유랑인의 심정을 빌려 우리네 삶의 비애를 잘 살린 작품이다.

푸른 오월

청자(靑瓷)빛 하늘이
육모정(六角亭) 탑 위에 그린 듯이 곱고,
연못 창포잎에
여인네 맵시 우에
감미로운 첫여름이 흐른다.

라일락 숲에
내 젊은 꿈이 나비처럼 앉는 정오(正午)
계절의 여왕 오월의 푸른 여신 앞에
내가 웬일로 무색하고 외롭구나.

밀물처럼 가슴속으로 몰려드는 향수를
어찌하는 수 없어,
눈은 먼 데 하늘을 본다.

기인 담을 끼고 외딴 길을 걸으며 걸으며,
생각이 무지개처럼 핀다.

풀 냄새가 물큰
향수보다 좋게 내 코를 스치고
청머루 순이 뻗어나오던 길섶
어디메선가 한나절 꿩이 울고
나는
활나물 혼잎나물 적갈나물 참나물을 찾던−
잃어버린 날이 그립지 아니한가 나의 사람아.

아름다운 노래라도 부르자.
서러운 노래를 부르자.

보리밭 푸른 물결을 헤치며
종달새모양 내 마음은
하늘 높이 솟는다.

오월의 창공이여
나의 태양이여

● ● 외로움과 우수의 정조를 노래한 여타 시와 다르게 이 시는 푸른 5월처럼 밝은 정서를 현재 시제로 노래하였다. 노천명의 대표시 「사슴」의 분위기가 물씬 풍기는 3연에서 이 시의 분위기가 확 바뀐다. 푸른 5월에 육모정에서 청자빛 하늘을 보다 문득 외로움을 느껴 먼 하늘을 쳐다본다. 어쩌면 다른 시들에서 그런 것처럼 먼 하늘을 보고 외딴 길을 걸으며 과거를 회상하다 또 외로움에 젖을 수도 있었다. 다행히도 5연에서 '향수보다 좋은' 풀 냄새를 맡아 향수보다 더 좋은 눈앞의 계절 푸른 5월에 젖는다. 상향의 분위기로 바뀌어, 보리밭 푸른 물결을 헤치며 서러워도 아름다운, 서러워서 아름다운, 서럽지만 아름다운 노래를 부르고 있다.

하일산중 夏日山中

보리이삭들이 바람에 물결칠 때마다
어느 밭고랑에서 종다리가 포루룽 하늘로 오를 것 같다

논도랑을 건너고 밭머리를 휘돌아
동구능(東九陵) 가는 길을 물으며 물으며 차츰
산속으로 드는 낮은 그림 속의 선인(仙人)처럼
내가 맑고 한가하다
낮이 기운 산중에서 꿩소리를 듣는다
당홍댕기를 칠칠 끄는 처녀 같은 맵시의 꿩을 찾다보면
철쭉꽃이
불그레하게 펴 있다

초록물이 뚝뚝 듣는 나무들이 그늘진 곳에 활나물 대나물
미일 때를 보며
나는 배암이 무서워 칡순을 따 머리에 꽂던 일이며
파아란 가랑잎에 무릇을 받아먹던 일이며
도토리에 콩가루를
발라먹던 산골얘기를 생각해낸다

어디서 꿩알을 얻을 것 같은 산속
숙(淑)은 산나물 꺾는 게 좋고 난 송충이가 무섭고

한치도 못 되는 벌레에게 다닥드릴 때마다
이처럼 질겁을 해 번번이 못난이짓을 함은

진정 병신성스러우렷다
솔밭을 헤어나 첫째 능에 절하고 들어 잔디 우에
다리를 쉰다
천년 묵은 여우라도 나올 성부른 태고 적 조용한 낮
내가 잠깐 현기를 느낀다

● ● 제목이 '하일산중'이라, 여름에 산속에서 느낀 감상일 것 같지만 시는 매우 동적이다. 동구릉을 찾아가는 길이며, 천천히 장소 이동을 하는 게 실감나게 그려져 있다. 보리밭 → 논도랑 → 밭머리(동구릉 가는 길 물어봄) → 산속 → 동구릉에 도착 → 능에 절함 → 전디 위에서 쉼. 이렇게 각 연마다 시의 화자가 위치해 있는 장소가 다르다. 생생한 현장감마저 느껴진다.
가는 길에 뱀이 무서워 칡순을 따 머리에 꽂던 일, 가랑잎에 무릇을 받아먹던 일 등 과거 일을 잠깐 회상한 것만 빼고는 모두 현재를 묘사하고 있다. 동구릉을 찾아가는 길이 힘겨웠는지, 능이 너무 고적했는지 잠깐 현기를 느끼지만 시의 화자의 기분은 맑고 한가하다.

노천명

저녁별

그 누가 하늘에 보석을 뿌렸나
작은 보석 큰 보석 곱기도 하다
모닥불 놓고 옥수수 먹으며
하늘의 별을 세던 밤도 있었다

별하나 나하나 별두울 나두울
논뜰엔 당옥새 구슬피 울고
강낭수숫대 바람에 설렐 제
은하수 바라보면 잠도 멀어져

물방아소리- 들은지 오래
고향하늘 별 뜬 밤 그리운 밤
호박꽃 초롱에 반딧불 넣고
이즈음 아이들도 별을 세는지

● ● ● 지금은 참 아득하게 먼 풍경이다. 모닥불 피워놓고 옥수수를 먹으며 하늘의 별을 세는 밤. 2연에서 들려오는 소리에 귀 기울여 보자. 논에서는 당옥새(따옥새, 즉 따오기)가 울고, 수숫대가 바람에 흔들리는 소리가 잘 어울리는 화음으로 들린다.

3연 3행에 나오는 호박꽃 초롱을 모르는 독자들이 많을 것이다. 호박꽃은 나팔꽃 모양으로 생긴 아주 큰 꽃이다. '반딧불'을 잡아 호박꽃 안에 넣고 꽃잎을 오므리면 그 안에서 반딧불이가 빛을 내 마치 초롱처럼 보인다.

노천명 시인이 이 시를 쓴 것은 해방되기 이전이다. 시의 화자 또한 시에서 표현하고 있는 풍경을 그리워하고 있다. 즉 과거를 회상하며 지금 아이들도 별을 세는지 궁금해하고 있다. 도시 생활을 하면서 자연과 하나되어 살던 어린 시절을 그리워하고 있는 것이다.

봄의 서곡

누가 오는데 이처럼들 부산스러운가요
목수는 널판지를 재며 콧노래를 부르고
하나같이 가로수들은 초록빛
새옷들을 받아들였습니다
선량한 친구들이 거리로 거리로 쏟아집니다
여자들은 왜 이렇게 더 야단입니까
나는 포도(鋪道)에서 현기증이 납니다
삼월의 햇볕 아래 모든 이지러졌던 것들이 솟아오릅니다
보리는 그 윤나는 머리를 풀어헤쳤습니다
바람이 마음대로 붙잡고 속삭입니다
어디서 종다리 한 놈 포루루 떠오르지 않나요
꺼어먼 살구남기에 곧
올연한 분홍 '베일'이 씌워질까봅니다

● ● 시의 첫 부분이 참 신선하다. 첫 부분만이 아니라 마지막까지 신선하다. 봄이 오니 들판이 파랗고 꽃들이 어떻고 하는 직접적인 묘사보다 봄의 정경이 더 실감나게 그려져 있다. 사람들뿐만 아니라 가로수며 햇볕이며 보리, 종다리, 살구나무 등 그야말로 만물이 술렁이며 봄을 맞는 모습을 생생하게 표현하였다. 이쯤 돼야 봄이지.

어떤 친구에게

같은 별 아래 태어난 여인이기에
너와 나는 함께 울었고 같이 웃었다
너를 찾아 밤길을 간 것도
내 가슴을 펼 수 있는 네 가슴이었기-

대학 교정에서 그대를 만났을 제
내 눈은 신록을 본 듯 번쩍 띄었고
손길을 잡게 되던 날 내 가슴은 뛰었었나니
그대와 나는 자매별모양 빛났더니라

어떤 사람은 너를 더 빛난다 했고
다른 이 또 나를 더 좋다 했다

너와 나 같은 동산에 서지 않았던들
너 나를 이런 곳에 밀어넣지는 않았을 것이고

우리는 얼마나 더 정다웠으랴

● ● 자세한 사연은 나와 있지 않으나 특별한 우정을 쌓았던 친구가 어떤 연유로 인해 서로 다른 길을 가게 되었다. 2연에서 친구를 처음 만난 상황을 보면 가슴이 뛰고 눈이 번쩍 뜨였다니, 마치 이성 친구를 만났을 때처럼 느껴진다. 그래서 더 깊은 우정을 쌓았을 것이고, 누가 더 빛난다고 말할 수 없을만치 두 사람은 잘 어울렸다. 그런데 4연 '너 나를 이런 곳에 밀어넣지는 않았을 것이고' 라는 구절에서 원망하는 마음이 엿보인다. 하지만 그보다 더 아쉬운 것은 우정을 고이 간직하지 못한 것이다.

아름다운 새벽을

내 가슴에선 사정없이 장미가 뜯겨지고
멀쩡하니 바보가 되어 서 있습니다.

흙바람이 모래를 끼얹고는
껄껄 웃으며 달아납니다
이 시각에 어디메서 누가 우나봅니다

그 새벽들은 골짜구니 밑에 묻혀버렸으며
연인은 이미 배암의 춤을 추는 지 오래고
나는 혀끝으로 찌를 것을 단념했습니다

사람들 이젠 종소리에도 깨일 수 없는
악의 꽃 속에 묻힌 밤

여기 저도 모르게 저지른 악이 있고
남이 나로 인하여 지은 죄가 있을 겁니다

성모 마리아여
임종모양 무거운 이 밤을 물리쳐주소서
그리고 아름다운 새벽을

저마다 내가 죄인이노라 무릎 꿇을-
저마다 참회의 눈물 뺨을 적실-
아름다운 새벽을 가져다 주소서

● ● ● '내 가슴에선 사정없이 장미가 뜯겨지고'에서 '장미'라는 시어에 마음이 한참 머무른다. 장미라는 시어 대신에 '죄' 혹은 '반성' 등의 추상적인 낱말을 썼다면 어땠을까? 그냥 훌쩍 읽고 넘어가 버렸을 것이다. '장미'를 대신할 수 있는 낱말은 독자마다 다 다르게 붙여질 것이다. 그것이 이 시의 큰 매력이다. 그와 비슷하게 은유적으로 표현한 부분은 '흙바람이 모래를 끼얹고' '새벽이 골짜구니 밑에 묻혀 버렸으며' '연인은 배암의 춤을 추는 지 오래' '혀끝으로 찌를 것을 단념' '악의 꽃 속에 묻힌 밤' 등이다.

시는 이렇게 관념적(혹은 추상적)인 것을 간접적으로 표현하거나 다른 사물을 빌려 은유적으로 표현해야 울림이 커진다. '저도 모르게 저지른 악'과 '남이 나로 인해 지은 죄'는 악과 죄의 전부가 아닐까. 그런 걸 참회함으로써 새벽이 아름답다고 말하고 있다.

유월의 언덕

아카시아꽃 핀 유월의 하늘은
사뭇 곱기만 한데.
파라솔을 접듯이
마음을 접고 안으로 안으로만 들다

이 인파속에서 고독이
곧 얼음 모양 꼿꼿이 얼어 들어옴은
어떤 까닭이뇨

보리밭엔 양귀비꽃이 으스러지게 고운데
이른 아침부터 밤이 이슥도록
이야기 해볼 사람은 없어
파라솔을 접듯이
마음을 접어 가지고 안으로만 들다.

장미가 말을 배우지 않는 이유를
알겠다
사슴이 말을 하지 않는 연유도
알아 듣겠다..

아카시아 꽃 핀 유월의 언덕은
곱기만 한데 —

●● 1연의 '파라솔을 접듯이 마음을 접는다', 2연의 '고독이 얼음 모양 꼿꼿이'라는 표현에서 '마음'을 '파라솔', '고독'을 '얼음'으로 직유법으로 표현한 것이 참 효과적이다. 유월의 하늘은 곱기만 한데, 내 마음은 그렇지 못하니 파라솔처럼 접어 안으로 넣어버리고, 또한 고독은 얼음처럼 꼿꼿하게 마음을 얼려버리고. 부분적으로는 직유법의 표현이지만, 결과적으로는 유월의 고운 하늘과 내 마음을 직접적으로 대비시키는 효과를 발휘한다. 그리곤 '장미가 말을 배우지 않는 이유'와 '사슴이 말을 하지 않는 연유'를 알아듣는다. 장미와 사슴과 시인의 마음이 일체화되었다. 고운 유월에 푹 빠져 있는 것으로 서로간에 합의를 본 것일까.

오월의 노래

보리는 그 윤기 나는 머리를 풀어 헤치고
숲 사이 철쭉이 이제 가슴을 열었다

아름다운 전설을 찾아
사슴은 화려한 고독을 씹으며
불로초 같은 오시(午時)의 생각을 오늘도 달린다

부르다 목은 쉬어
산에 메아리만 하는 이름 –

더불어 꽃길을 걸을 날은 언제뇨.
하늘은 푸르러서 더 넓고,
마지막 장미는 누구를 위한 것이냐

하늘에서 비가 쏟아져라
그리고 폭풍이 불어다오
이 오월 한낮을 그냥 갈 수는 없어라

● ● ● 시인의 격동하는 마음이 표현되어 있다. 시에 등장하는 사물이나 동물이 한결같이 동적이다. 보리는 머리를 풀어헤치고 철쭉은 가슴을 활짝 열고, 사슴은 달린다. 산조차 이름을 메아리로 되받아친다. 계절 때문인지 산이 되받아치는 이름에 대한 그리움인지 격동하는 시인은 오월 한낮을 그냥 있을 수 없다. 하늘에서 비가 쏟아지기를 폭풍이 불기를 바라고 있다.

추풍秋風에 부치는 노래

가을 바람이 우수수 불어옵니다.
신이 몰아오는 비인 마차 소리가 들립니다.
웬일입니까
내 가슴이 써-늘하게 샅샅이 얼어듭니다.

'인생은 짧다'고 실없이 옮겨본 노릇이
오늘 아침 이 말은 내 가슴에다
화살처럼 와서 박혔습니다.
나는 아파서 몸을 추설 수가 없습니다

황혼이 시시각각으로 다가섭니다.
하루하루가 금싸라기 같은 날들입니다.
어쩌면 청춘은 그렇게 아름다운 것이었습니까
연인들이여 인색할 필요가 없습니다.

적은 듯이 지나 버리는 생의 언덕에서
아름다운 꽃밭을 그대 만나거든
마음대로 앉아 노니다 가시오
남이야 뭐라든 상관할 것이 아닙니다.

하고 싶은 일이 있거든 밤을 도와 하게 하시오
총기(聰氣)는 늘 지니어지는 것이 아닙니다.
나의 금싸라기 같은 날들이 하루하루 없어집니다.
이것을 잠가 둘 상아궤짝도 아무것도
내가 알지 못합니다.

낙엽이 내 창을 두드립니다.
차 시간을 놓친 손님모양 당황합니다.
어쩌자고 신은 오늘이사 내게
청춘을 이렇듯 찬란하게 펴 보이십니까.

● ● ● 노천명은 계절이나 자연에 대한 심정을 노래한 시가 많다. 계절에 따른 자연의 변화나 계절을 대하는 마음이 남보다 더 유별했던 듯하다. 자칫 상투적인 표현으로 시를 썼다면 그 시가 그 시였을 텐데, 다행히도 시인은 시마다 새롭게 느끼게끔 진부하지 않게 표현해 주었다. 가을바람은 빈 마차소리처럼 크게 들리고, 인생은 짧다는 말이 화살처럼 마음에 박히며, 생의 언덕에서 아름다운 꽃밭을 만나거든 앉아 놀다 가라고 한다. 아름다운 나날을 담아 둘 궤짝, 그것도 보통 궤짝이 아니라 상아로 만든 궤짝이 없어 안타까워한다. 가을바람 소리를 들으며 비로소 확연히 깨닫게 되는 청춘의 나날, 그 아름다운 나날이 가버리는 것이 못내 아쉽다. 차 시간을 놓친 손님처럼 당황스럽다.

꽃길을 걸어서

사월의 기도

그 겨울이 다 가고
산에 갔던 아이들 손엔 할미꽃이 들려졌다
사립문에 기대어 서서
진달래 자욱한 앞산을 바라보면
큰애기의 가슴은 파도모양 부풀어 올랐다
사월 큰애기의 꿈은 무지개같이 찬란했다

웬일인지 이 봄엔 삼팔선이 터지고
나갔던 그 이가 돌아올 것만 같다
"갔다 오리다"
생생하게 지금도 귀에 들린다
군복을 입은 모습
어찌 그리 늠름하고 더 잘나 보였을꼬

그이가 일선으로 나간 뒤부터
뉴-쓰 영화의 군인들이 모두 다
그이 같아 반가워졌다

주여
이 봄엔 통일을 꼭 가져다 주소서
그리하여
진달래 곱게 핀 꽃길을 걸어서
승전한 그이가 돌아오게 해주소서

● ● ● 시의 화자의 감정이 비교적 솔직하게 직설적으로 표현되어 있다. 2연에는 전쟁으로 인해 헤어진 그이를 기다리는 마음이 절절하고, 그이를 기다리는 마음이 얼마나 절실하면 군복을 입은 군인들만 봐도 반가울까. 그이가 이 봄에 진달래 꽃길을 걸어서 온다면 얼마나 환한 4월이 될까. 꽃을 따 커다란 화환을 만들어 그이 목에 걸면 4월이 두 사람 사이로 와 춤을 출 텐데.

대합실

막차가 떠난 뒤
대합실엔 종이쪽만 날으고
거지아이도 잠이 드나본데

시간표에도 없는 차시간을
사람들은 지금 기다리고 있다

생판 모르는 얼굴이 내리는 것인지도
모른다
기적소리 산과 마을을 울리며

어느 바람 센 광야를 건너는 것이뇨
우랄타이 보석모양 너를 찾는 눈들이
번쩍거리고, 지리한 낮과 밤이 연륜처럼 서린
곳에 마지막 보람이 있으려 함이뇨

시간표에도 없는 차시간을
사람들은 지금 기다리고 있다

피곤과 시장기와 외로움까지 두르고 앉아
눈을 감고 기다리는 사람들
목메어 소리치며 부를 그 사람은
언제나 온다는 것이냐

탑 위의 시계는 얼굴을 가리고
아무도 지금 몇 시인지 알 수가 없다

● ● 막차가 떠난 대합실이 쓸쓸한 건 말할 나위도 없겠다. 시인은 거기에 더해 '시간표에도 없는 차 시간을 기다리는 사람'들을 거론하고 있다. 그 사람들은 피곤과 시장기와 외로움을 몸에 두르고 있으며, 시간표에도 없는 차이기에 언제 올지도 모르는 사람을 기다리고 있는 것이다.
그런 막막한 기다림은 대합실에만 있지 않다. 우리 삶의 현장 도처에 있다. 올 것이라는 믿음만 갖고 있으면 기다리는 건 문제가 아니다. 기다리는 동안 애간장 타는 것도 문제가 아니다. 장소 또한 문제가 아니다. 온다는 사람만 있으면.

노천명

그대 말을 타고

멀리서 종소리가 들려옵니다
날이 이제 새나봅니다

천년 같은 기인 밤이었습니다

고독과 어두움이 나를 두르고
모진 바람 채찍모양 내게 감겨들었건만
그대를 기다리며 이 밤을 참았나이다
그대 얼굴은 나의 태양이었나니

외로움에 몸부림치면
커어다란 얼굴 해주고
밖에서 마음 얼어들어오면 녹여주고
한밤중 눈물지면 씻어주었습니다

어늬 객줏집 마구간
말의 눈엔 새벽달이 비치고
곡마단 계집아이들도 잠이 들었을 무렵
그대를 기다리는 내 기도가 올려졌나이다

이제나 오시렵니까 하마 저제나 오시렵니까
당신의 말굽소리 듣는다면
담박에 내가 십 년은 젊어지겠나이다

● ● 떠나간 임, 오지 않는 임을 기다리는 마음이 절절하다. 보고 싶다는 말, 기다림이 지루하다는 말, 오지 않는 임이 밉다는 말 한 마디 없이 그렇게 절절함을 그려내고 있다.
이 밤을 꼬박 새웠다. 날이 새는 종소리가 들려오고, 객줏집 마구간 말의 눈에 새벽달이 비친다. 밤 공연을 끝낸 곡마단의 계집아이들이 이제 겨우 잠이 들었을 새벽까지 임의 말굽소리를 기다리고 있다. 보고 싶다는 말 한 마디 없이, 당신이 밉다는 말 한 마디 없이 속으로만 삭이려니, 임을 기다리는 여인의 얼굴이 십 년은 더 늙어 보인다.

노천명

만추

가을은 마차를 타고 달아나는 신부
그는 온갖 화려한 것을 다 거두어가지고 갑니다

그래서 하늘은 더 아름다워 보이고
대기는 한층 밝아 보입니다

한금 한금 넘어가는 황혼의 햇살은
어쩌면 저렇게 진줏빛을 했습니까
가을 하늘은 밝은 호수
여기다 낯을 씻고 이제사 정신이 났습니다
은하와 북두칠성이 맑게 보입니다

비인 들을 달리는 바람소리가
왜 저처럼 요란합니까
우리에게서 무엇을 앗아가지고
가는 것이 아닐까요

● ● 만추와 만추의 하늘과 시의 화자가 혼연일체가 되어 있다. 하늘에 얼굴을 씻은 후 정신을 차렸으며, 그런 후에 본 은하와 북두칠성이 더 맑아 보인다. 가을은 온갖 화려한 것을 거두어 가지고 달아나며, 바람은 우리에게 무엇을 앗아 가지고 간다. 화려한 것을 빼앗기고, 무엇인가를 앗겼으나 상실감이 전혀 없다. 계절과 혼연일체가 되었기에 그럴 수 있다. 오히려 화려한 것을 거두어 가기에 더욱 하늘은 아름답고 무엇인가를 빼앗아 가는 바람이기에 더욱 귀가 즐거워진다.

봄비

강에 얼음장 꺼지는 소리가 들립니다
이는 내 가슴속 어디서 나는 소리 같습니다

봄이 온다기로
밤새껏 울어 새일 것은 없으련만
밤을 새워 땅이 꺼지게 통곡함은
이 겨울이 가는 때문이었습니다

한밤을 줄기차게 서러워함은
겨울이 또 하나 가려 함이었습니다

화려한 꽃철을 가져온다지만

이 겨울을 보냄은
견딜 수 없는 비애였기에
한밤을 울어울어 보내는 것입니다

● ● ● 시 안에 두 풍경이 겹쳐 있다.
강의 얼음장 꺼지는 소리와 가슴속 얼음장 꺼지는 소리(1연), 봄이 오니 마땅히 겨울을 보내야 하고(2연) 또 마음속의 겨울도 보내야 하는 것(3연).
시인은 자연적인 계절이 화려한 꽃철을 가져오는 것이 즐겁지 않다. 꽃철을 맞이하려면 겨울을 보내야 하는데, 마음속 겨울을 보내는 것은 견딜 수 없었던 비애를 흘려보내는 것과 같다. 그 비애 안에는 그냥 흘려보낼 수 없는 어떤 갈망이 들어 있다. 그래서 비애를 보내려면 한밤을 또 울어야 한다.

언덕

창으로 하늘이 돌아온다
눈만 뜨면 내다보는 언덕
소나무가 서너 개 아무것도 없다
오늘도 소나무가 서너 개 아무것도 안 뵌다

방안 풍경이 보기 싫어
온종일 언덕을 바라본다
사람이 지나가면 눈이 다 밝아진다

전봇대모양 우뚝 선 사람이 둘
혹시 나 아는 이가 아닐까

가슴이 답답하면 언덕을 본다
눈물이 나면 언덕을 본다
이방 같아 쓸쓸하면 언덕을 본다
언니랑 조카가 보구프면 언덕을 본다

● ● ● 외로움이 터질 것 같다. 그러면서도 외롭다는 말은 하지 않는다. 다만 언덕을 본다. 가슴이 답답하고 눈물이 나면 언덕을 보고, 언니와 조카가 보고 싶어도 언덕을 본다. 창밖에 보이는 사람이 혹시 나 아는 사람이 아닌가 하고 눈을 크게 뜨고 바라본다. 눈만 뜨면 그저 습관처럼 창밖을 보고 언덕을 본다. 시인은 그저 언덕을 본다. 시인아, 외롭니? 하고 묻지 마라. 그냥 언덕을 보는 거니까. 언덕 위에 소나무가 있고 하늘이 있으니까.

노천명

님은 가시밭을 헤치고

님이 오신다는 꿈 같은 날
버선발로 뛰어나가
맞았으련만
웬일로 자꾸만 서러워
온종일 방안에서 울었다
하염없이 눈물이 더 자꾸 흘러
하염없이 눈물만 더 자꾸 흘러
무지개모양 사라진 꿈은 진정
아니고-
험한 길 가시덤불을 님은 밟고야
오신다니
꽃자리는 검으리
어디선가
이브의 후예들이 옷을 다듬는 밤
님이 오실 날을 나는 조용히
은하(銀河)가에 그리나니-

● ● ● 이브의 후예로서 임이 그립다. 임이 오신다면 버선발로 뛰어나가 맞을 것이다. 하염없이 흘리는 눈물은 꿈이 사라져서 그런 건 아니고, 오늘은 왠지 더 서러워서…… 임이 밟고야 오신다는 '험한 길 가시덤불'을 알기에 검은 꽃자리도 마다 않고 옷을 다듬으며 조용히 기다리고 있는데, 오늘따라 왠지 하염없이 눈물만 흐른다. 먼 하늘의 은하가 너무 밝아서 눈물이 흐르는 것이다.

들국화

들녘 비탈진 언덕에 늬가 없었던들
가을은 얼마나 쓸쓸했으랴
아무도 너를 여왕이라 부르지 않건만
봄의 화려한 동산을 사양하고
이름도 모를 풀 틈에 섞여
외로운 계절을 홀로 지키는 빈들의 색시여
갈꽃보다 부드러운 네 마음 사랑스러워
거칠은 들녘에 함부로 두고 싶지 않았다

한아름 고이 안고 돌아와
화병에 너를 옮겨놓고
거기서 맘대로 자라라 빌었더니
들에 보던 그 생기 나날이 잃어지고

웃음 걷는 네 얼굴은 수그러져
빛나던 모양은 한잎 두잎 병들어갔다
아침마다 병이 넘는 맑은 물도
들녘의 한 방울 이슬만 못하더냐
너는 끝내 거칠은 들녘 정든 흙냄새 속에
맘대로 퍼지고 멋대로 자랐어야 할 것을 —

뉘우침에 떨리는 미련한 손은 이제
시들고 마른 너를 다시 안고
푸른 하늘 시원한 언덕 아래
묻어주러 나왔다

들국화야!
저기 늬 푸른 천정이 있다
여기 늬 포근한 갈꽃 방석이 있다

● ● 자연을 거역하고 생명을 함부로 대한 것을 뉘우치는 소박하고 겸손한 마음이 엿보인다. 거친 들녘에 이름 모를 풀 틈에 섞여 있는 들국화가 사랑스러워 한 아름 꺾어와 화병에 꽂아두었다. 그런데 점점 생기를 잃어간다. 들녘의 한 방울 이슬이 병이 넘치도록 부어 주는 물보다 못한 것을 깨닫는다. 그뿐 아니라. 들녘 흙냄새 속에 마음대로 퍼지고 멋대로 자라는 것이 들국화의 운명인 것을 알게 되고는 이미 말라버린 꽃을 언덕 아래 묻어준다.
표면적으로는 이런 스토리지만 잘 들여다보면 1연에 자기 연민이 들어 있다. '외로운 계절을 홀로 지키는 색시'에 동정심이 들어 있으며, '거친 들녘에 함부로 두고 싶지 않다'는 말에선 자기 연민이 배어 나온다. 화사하고 아름답지만 아무도 알아주지 않는 들국화에 자기감정을 투사해 자신이 들국화를 알아보고 꺾듯이, 누군가가 날 알아주었으면 하는 심정이 엿보인다.
하지만 결국, 들국화가 서 있는 위치가 다소 외롭고 거칠어 보여도 들국화가 있어야 할 곳은 바로 그곳임을 확인한다. 외로움도 고독도 있어야 할 곳에 그대로 있어야 마땅한 운명이다. 시인은 그것을 알고 반성하듯 말한다. 들국화야, 저기 너의 푸른 천장이, 갈꽃 방석이 있다. 고독아, 외로움아! 내 몸이 너의 천장이고 꽃방석이니라.

노천명

이름없는 여인 되어

어느 조그만 산골로 들어가
나는 이름없는 여인이 되고 싶소
초가지붕에 박넝쿨 올리고
삼밭엔 오이랑 호박을 놓고
들장미로 울타리를 엮어
마당엔 하늘을 욕심껏 들여놓고
밤이면 실컷 별을 안고

부엉이가 우는 밤도 내사 외롭지 않겠소
기차가 지나가버리는 마을
놋양푼에 수수엿을 녹여 먹으며
내 좋은 사람과 밤이 늦도록
여우 나는 산골 얘기를 하면
삽살개는 달을 짖고
나는 여왕보다 더 행복하겠소

● ● ● 지독한 외로움에 대한 아이러니로 읽히지 않은가. 시인은 늘 고독과 쓸쓸함을 노래하였다. 오지 않는 임을 기다리고 기다려 왔다. 그런데 한술 더 떠 조그만 산골로 들어가 이름 없는 여인이 되고 싶다니, 기차도 서지 않고 지나가 버리는 그런 작은 마을에서 살고 싶다니…… 뭐, 좋은 사람과 둘이서라면 행복도 하겠지.

그런데 2행의 '이름 없는 여인이 되어'에 시선을 가까이 하면 시인의 기구한 운명이 보인다. 일제 강점기에 유부남이었던 경제학 교수 김광진과 열애, 김광진은 후에 유명 가수 왕수복과 월북해 결혼했다. 강점기 말기에 친일시 씀, 해방 후 '조선문학가동맹'에 가입, 9·28수복 후에 '반동 문학인' 체포에 협조한 혐의로 체포되어 20년 형을 선고받고 복역 중에 절친하게 지냈던 김광섭, 모윤숙 시인 등의 탄원서로 풀려남. 이후 독신으로 살다 1957년 45세 나이에 뇌빈혈로 죽음. 당시 신문기자 출신의 신여성으로서, 시인으로서 얻었던 명성 다 버리고 이름 없는 여인으로서 평범하게 살다 가고픈 소원이 가슴 아픈 건, 친일문인이라는 오점을 갖고 있기 하지만, 개인으로서의 운명과 사회적인 인사로서의 운명을 받아들이며 살았던 삶의 힘겨움을 짐작할 수 있기 때문이다.

Part 3
김·동·환

함경북도 경성군 출신으로 중동중학교 졸업 후 일본에 유학하여 도요 대학 영문과에서 수학했다. 함북에서 발행된《북선일일보》를 비롯하여《조선일보》와《동아일보》등에서 기자로 근무하며 시 창작 활동을 시작했다. 1924년 발표한 〈적성(赤星)을 손가락질하며〉가 본격적인 등단작이다. 장편 서사시《국경의 밤》(1925)으로 문단의 주목을 받았다. 시적 특색으로는 국경 지대인 고향에서 얻은 북방적 정서와 강한 낭만성, 향토적인 느낌을 주는 민요풍의 언어를 들 수 있다.

꿈을 따라갔더니

꿈을 따라갔더니
옛날의 터전이 보이고요,
호박넝쿨 거두던 따님도 보입데다.

꿈을 따라갔더니
어릴 때 놀던 금잔디벌이 놓이었구요,
도라지 캐러 다니던 마을 색시도요

나는 어찌도 반가운지 꿈 같아서
휘파람으로 고요히 따님을 부르니
그는 호박넝쿨을 안고 달아나고요,
색시를 따르니
도라지괭이를 던지고 돌아섭데다.

아하 옛날은 가고요 꿈만 깃구요,
이 꿈조차 마저 간다면
나는 어쩌리.

● ● 꿈속에서 만난 고향의 터전과 어릴 때 놀던 금잔디벌 그리고 그곳에서 도라지 캐던 마을 색시를 만난 풍경이 생생하게 묘사되어 있다. "~했더니, ~고, ~했다" 식의, 앞의 행동으로 뒤의 결과가 생겼다는 형식을 반복하여 내용을 논리적으로 만들어 놓았다. 상상력을 제한하긴 하지만 독자가 시에 집중할 수 있게 한다. 마음속에 간직하고 있는 순수했던 옛날의 꿈을 잃어버릴까 안타까워하고 있다.

산너머 남촌에는

1
산너머 남촌에는 누가 살길래
해마다 봄바람이 남으로 오데.

꽃피는 사월이면 진달래 향기
밀 익는 오월이면 보리 내음새.

어느것 한가진들 실어 안 오리
남촌서 남풍(南風) 불 제 나는 좋데나.

2
산너머 남촌에는 누가 살길래
저 하늘 저 빛깔이 저리 고울까.

금잔디 너른 벌엔 호랑나비 떼
버들밭 실개천엔 종달새 노래,

어느것 한 가진들 들려 안 오리
남촌서 남풍불 제 나는 좋데나.

3
산너머 남촌에는 배나무 있고
배나무꽃 아래엔 누가 섰다기,

그리운 생각에 재를 오르니
구름에 가리어 아니 보이네.

끊었다 이어 오는 가는 노래는
바람을 타고서 고이 들리네.

● ● 이 시는 가요로도 불려 대중의 사랑을 받은 시이다. '산 너머 남촌'이라는 서정적인 구절로 시를 시작한 것도 그렇거니와 시의 화자는 이곳에 있고 아직 가보지 않은 저쪽인 산너머 남촌에 누가 있는지, 누가 사는지를 궁금해하는 시의 형식이 독자들의 흥미를 유발시킨다. 세 번째 단락의 시에서는 참다 못해 재를 올라가 보지만 구름에 가리어 보이지 않는다. 여인의 속살을 살짝 가려 호기심을 더욱 자극하는 그림처럼 남촌을 더욱 그립게 만들고 있다.

봄이 오면

1
봄이 오면 산에 들에 진달래 피네
진달래꽃 피는 곳에 내 마음도 펴
건넛마을 젊은 처자 꽃 따러 오거든
꽃만 말고 이마음도 함께 따가주

2
봄이 오면 하늘 우에 종달새 우네
종달새 우는 곳에 내 마음도 울어
나물캐기 아가씨야 저 소리 듣거든
새만 말고 이 소리도 함께 들어주

나는야 봄이 오면 그대 그리워
종달새 되어서 말 붙인다오
나는야 봄이 오면 그대 그리워
진달래꽃 되어서 웃어본다오.

● ● ● 이 시는 경쾌한 가곡으로 만들어져 매해 봄 클래식 프로그램뿐 아니라 가요 프로그램에서 들을 수 있는 곡이다. 한 연이 모두 4행으로 이루어졌고, 한 음보를 이루는 글자 수도 비슷하게 정형시의 형식을 갖추고 있다. 그런 정형화가 봄의 경쾌함을 더욱 효과적으로 나타내고 있다. 꽃만 피는 게 아니라 마음도 활짝 폈으니 꽃만 따지 말고 내 마음도 함께 따 가라는 표현과 종달새 우는 곳에서 울고 있는 내 마음도 함께 들어 달라는 표현이 정말 재치 있다.

자장가

1
자거라 자거라 귀여운 아가야
꽃 속에 잠드는 범나비같이
고요히 꿈나라 가거라
하늘 위 저 별이 잦질 때까지.

2
자거라 자거라 귀여운 아가야
금잔디에 잠드는 봄바람같이
고요히 눈 감고 꿈나라 가거라
꽃잎을 날리는 바람 따라서.

3
자거라 자거라 귀여운 아가야
버들 속에 잠드는 파랑새같이
고요히 눈감고 꿈나라 가거라
꿈나라의 앵두밭을 어서 찾아서.

● ● ● 이 시도 가곡으로 불려진 시이다. 어쩌면 노래로 만들기 위해 지은 가사인지도 모른다. 파인 김동환은 우리나라 최초의 서사시인 「국경의 밤」을 지은 시인이다. 우리나라에는 서사시를 쓰는 시인이 극히 드물다. 서사시를 쓸 만큼 호흡이 긴 시인이 이처럼 음악성 있고 간결한 시를 쓴 것이 또한 놀랍다.
세 단락의 형식이 모두 같으며, 매 단락의 2행에서는 직유법을 사용해 이해가 아주 쉽다. 자장가를 불러 아기를 빨리 재우려는 것처럼 독자들에게 빨리 이해시키고 있다.

봄철의 바다

저기 고요히 멈춘
기선의 굴뚝에서
가늘은 연기가 흐른다.

엷은 구름과
낮겨운 햇빛은
자장가처럼 정다웁구나.

실바람 물살지우는 바다로
나직하게 VO- 우는
기적의 소리가 들린다.

바다를 향하여 기울어진 풀두덩에서
어느덧 나는
휘파람 불기에도 피로하였다.

● ● ● 봄 바다의 풍경이 1연에서는 연기, 2연에서는 구름과 햇빛의 시각적 이미지를 통해, 3연에서는 기적소리라는 청각 이미지를 통해 묘사되었다. 4연에서는 갑자기 장면 전환이 이루어진다. 1연~3연까지는 멀리 바라다보이는 장면이었다가 4연에 이르러 갑자기 시의 화자가 있는 곳으로 초점이 맞추어진다. 그럼으로써 봄의 나른한 풍경이 한층 더 생생하게 연출되었다.

언제 오시나

1
은행나무 그늘에 외로이 서서
서쪽 하늘 치어다 우는 저 각씨,
님 계신 곳 꽃잎도 폈다 지던가
적막강산 삼천리에 꽃만 져가네.

2
얼었던 강물도 이제 녹아서
배 다니고 제비조차 날아오는데,
한번 가신 그이만 올 줄 몰라라
서백리 아 하늘엔 구름만 아득.

3
크신 일에 바치신 귀한 몸이라
이 동산에 봄 올 때 오실 길이나,
바람결에 날리는 꽃잎을 보면
안타까워 은행가지 털며 운다오.

● ● 시에 등장하는 각시의 낭군은 독립운동가였을까? 각시의 슬픔을 슬프다거나 애달프다는 낱말로 드러내지 않고 각시의 마음과 대비되는 상황을 보여줌으로써 더욱 더 간절하게 묘사하고 있다. 1연에서는 삼천리에 활짝 핀 꽃, 2연에서는 강물이 녹고 제비가 돌아온 풍경을 묘사해 놓았다. 서러운 각시가 울 때 당연히 몸이 흔들릴 텐데 그것마저 은행나무 가지를 터는 풍경으로 간접적으로 세련되게 표현해 놓았다.

김동환

우리 만나던 시절이

우리 만나던 시절이 언제이던가구요
밭머리서 눈 같은 원두 꽃 뜯어 머리 얹히고
춘향 각시 이야기에 물이 오르다가
뒷장태서 노루 쫓아내리던 소동패에 들키어서
짐승 대신 우리들이 쫓기우기도 하였더니
그러니 아마 짙은 봄, 첫여름 무렵인 걸요

우리 갈라지던 시절이 언제이던가구요
가지취, 고사리, 두릅순, 나물을 뜯어
나는 그대 바구니에, 그대는 내 삼태기에
소먹이 꼴 베어 가득 담기로 내기해놓고는
서로 마주보며 노래로 춤으로 해를 보내놓고는
그만 손 털고 일어서던 철이니 초복 전일걸요

우리 다시 만나기로 언약한 때는 언제던가구요
뒷동산에 밤송이 익어서 툭툭 터져
알은 굴러 홈에 떨어지고 가시돋이 송이만이
내왕 길을 쫘—ㄱ 덮어, 가도오도 못하게 할 제
그대는 앞장태에 나는 뒷장태에 서서
서로 마주 쳐다보며 웃자고 할 때니 늦은 가을철인걸요

● ● 토속적인 냄새 가득한 김유정의 단편소설을 읽는 느낌이다. 세 연이 모두 과거의 이야기를 담고 있지만, 시간으로는 차이가 난다. 1연은 봄의 만남, 2연은 초복 전의 헤어짐, 3연은 다시 만나기로 한 가을철. 모두 한 해인지 아님 2년에 걸쳐 있는 얘기인지 모르겠으나 장면을 변화시키면서 시의 단조로움을 극복한 것처럼 이 시에서는 시간을 변화시키면서 흔한 사랑 이야기를 뛰어넘고 있다.

김동환

봄소낙비

소낙비 올 제마다
늘 생각남은
비를 피해 들어선 느티나무 아래서
우연히 만났던 그애 생각,

성을 물어도 사는 동리 물어도
대답 없다가
열여덟이라 나만 일르고는
부끄러워 달아나 버리더니

다홍치마 다 젖는 줄도 모르고
세발 네발 노루같이 달아나 버리더니.
올해도 그 나무 아래 혹시나 섰을까
열여덟이라면 벌써 시집갔을 나인데ㅡ.

●●● 김동환 시의 특징은 스토리가 들어 있다는 것이다. 스토리가 있으니 그 스토리가 놓일 장면이 자연적으로 설정된다. 소낙비 오는 느티나무 아래, 우연히 만난 소녀, 이듬해에 다시 찾은 그 장소. 초여름 향기가 가득 배어 있다.

봄놀이

칼로 썬 청포 두부에
컬컬히 뱉은 막걸리로 목을 축이고서
태극선으로 땀을 들이면서 그 하루를 보내니
봄날은 어느새 꿈속에 흐르더라.

대밭을 거닐며
왕참대 꺾어 구멍을 뚫어 피리를 부니
돌각담에 샛별이 앉은 것도 내 몰라라
봄날은 오는 듯 가는 듯 자취조차 아득하여라.

파-란 방축가에 누워
먼 하늘끝 치어다보니 하늘도 봄빛 봄도 하늘빛
흰나비 드나드는 이 마음도
어느새 파란 봄빛에 젖더라.

● ● ● 이 짧은 시에서도 서사 시인다운 면모가 보인다. 세 연이 모두 다른 장소에 다른 풍경이 담겨 있다. 1연에서 태극선(부채)으로 땀을 들인다는 것이 좀 여름 풍경 같긴 하지만 각기 봄의 정경을 묘사하였다. 대밭을 거닐며 왕참대로 만든 피리를 부는 2연의 풍경도 여름 기운이 느껴지는 것으로 보아 늦봄인 듯하다.

김동환

눈이 내리느니

북국(北國)에는 날마다 밤마다 눈이 내리느니,
회색 하늘 속으로 흰 눈이 퍼부을 때마다
눈 속에 파묻히는 하얀 북조선이 보이느니.

가끔 가다가 당나귀 울리는 눈보라가
막북(漠北) 강 건너로 굵은 모래를 쥐어다가
추위에 얼어 떠는 백의인(白衣人)의 귓불을 때리느니.

춥길래 멀리서 오신 손님을
부득이 만류도 못하느니,
봄이라고 개나리꽃 보러 온 손님을
눈발귀에 실어 곱게 남국에 돌려보내느니.

백곰이 울고 북랑성(北狼星)이 눈 깜박일 때마다
제비 가는 곳 그리워하는 우리네는
서로 부둥켜 안고 적성(赤星)을 손가락질하며
얼음 벌에서 춤추느니.

모닥불에 비치는 이방인의 새파란 눈알을 보면서,
북국은 추워라, 이 추운 밤에도
강녘에는 밀수입 마차의 지나는 소리 들리느니,
얼음장 트는 소리에 쇠방울 소리 잠겨지면서.

오호, 흰 눈이 내리느니, 보얀 흰 눈이
북새(北塞)로 가는 이사꾼 짐짝 위에
말없이 함박눈이 잘도 내리느니.

● ● ● 시어가 굵직하고 시야가 넓다. '눈 내리는 밤 순이 생각'이 아니라 북국이라는 특수한 장소에서만 볼 수 있는 삶의 현장을 생생하게 보여주고 있다. 북국에서 내리는 눈이 삶을 더 시리게 하고 시린 삶이 눈을 더 보얗게 보이게 만든다. 시에 등장하는 인물과 장면을 통해 그들의 생생한 삶이 충분히 상상된다. 그들이 어떻게 살아가고 있는지 구체적으로 보여주지 않으나 묘사된 것을 통해 얼굴의 표정까지 그들이 입은 옷은 어떠할지가 다 보이는 것 같다. 시련 속의 우리민족이 북방으로 이주하는 모습이 그려졌다. 고국을 그리워하는 마음과 이국땅에 들어선 불안감과 두려움의 마음이 5연의 '새파란 눈알' '쇠방울 소리' 등 감각적 이미지로 표현했다.

김동환

뱃사공의 아내

1
물결조차 사나운 저 바닷가에
부-서진 뱃조각 주워 모으는
저 아낙네 풍랑에 남편을 잃고
지난밤을 얼마나 울며 세웠나

2
타신 배는 바숴서도 돌아오건만
한번 가신 그분은 올 길 없구나
오-늘도 바닷가에 외로이 서서
한옛날의 생각에 울다가 가네

3
빠른 것은 세월이라 삼 년이 되니
어느 새에 유복자 키워 데리고
바닷가에 이르러 타이르는 말
어서 커서 아버지 원수 갚아라

● ● 3연밖에 안 되는 시에도 이야기 줄거리가 들어 있다. 그것도 애절한 이야기가. 혼자 울며 새우는 밤이 있을지언정, 자기 앞의 삶에 순응하며 세월과 함께 나아가는 순정한 여인네가 보인다.

북청 물장사

새벽마다 고요히 꿈길을 밟고 와서
머리맡에 찬 물을 쏴 퍼붓고는
그만 가슴을 디디면서 멀리 사라지는
북청 물장사.

물에 젖은 꿈이
북청 물장사를 부르면
그는 삐걱삐걱 소리를 치며
온 자취도 없이 다시 사라진다.

날마다 아침마다 기다려지는
북청 물장사.

● ● 이 시는 제목이 주는 분위기가 한몫한다. 지금은 수돗물이 펑펑 쏟아지는 시대이고 물장사라는 직업이 있었는지조차 모르고 산다. '북청'이라는 낱말을 발음할 때 청아한 느낌과 물장사라는 말을 들을 때 맑고 시원한 물이 뚝뚝 떨어지는 것이 떠오르면서 시원한 느낌이 든다. 꿈길, 북청, 찬 물, 솨, 그만, 디디면서, 삐걱삐걱이라는 낱말을 천천히 발음해 보라. 그런 느낌이 들 것이다. 시를 잘 음미해 보면 시의 화자가 기다리는 건 물장사도 아니고 시원한 물도 아니다. 매일 같은 시각에 인식하게 되는 '물에 젖은 꿈'이다. 솨 들리는 물소리와 삐걱삐걱 지게 소리와 함께 어렴풋이 확인하는 새벽 꿈이다.

국경의 밤

제1부

1
「아하, 무사히 건넜을까,
이 한밤에 남편은
두만강을 탈없이 건넜을까?

저리 국경 강안(江岸)을 경비하는
외투 쓴 검은 순사가
왔다- 갔다-
오르명내리명 분주히 하는데
발각도 안 되고 무사히 건넜을까?」

소금실이 밀수출 마차를 띄워놓고
밤새가며 속태우는 젊은 아낙네
물레 젓는 손도 맥이 풀어져
파! 하고 붙는 어유(魚油) 등잔만 바라본다.
북국의 겨울밤은 차차 깊어가는데.

2
어디서 불시에 땅 밑으로 울려나오는 듯
'어-이' 하는 날카로운 소리 들린다.
저 서쪽으로 무엇이 오는 군호라고
촌민들이 넋을 잃고 우두두 떨 적에
처녀(妻女)만은 잡히우는 남편의 소리라고
가슴을 뜯으며 긴 한숨을 쉰다-
눈보라에 늦게 내리는
영림창 산림(山林)실이 화부(花夫)떼 소리언만.

3
마지막 가는 병자의 부르짖은 같은
애처로운 바람소리에 싸이어
어디서 '땅' 하는 소리 밤하늘을 쨀다.
뒤대어 요란한 발자취 소리에
백성들은 또 무슨 변이 났다고 실색하여 숨죽일 때,
이 처녀(妻女)만은 강도 못 건넌 채 얼어맞은 사내
일이라고
문비탈을 쓸어안고 흑흑 느껴가며 운다-
겨울에도 한 삼동, 별빛에 따라
고기잡이 얼음장 긋는 소리언만,

4
불이 보인다 새빨간 불빛이
저리 강 건너
대안(對岸) 벌에서는 순경들의 파수막(把守幕)에서
옥서(玉黍)장 태우는 빨-간 불빛이 보인다.
까-맣게 타오르는 모닥불 속에
호주(胡酒)에 취한 순경들이
월월월 이태백을 부르면서.

5
아하, 밤이 점점 어두워간다.
국경의 밤이 저 혼자 시름없이 어두워간다.
함박눈조차 다 내뿜은 맑은 하늘엔
별 두어 개 파래져
어미 잃은 소녀의 눈동자같이 깜박거리고
눈보라 심한 강 벌에는
외가지 백양이
혼자 서서 바람을 걷어안고 춤을 춘다,
가지 부러지는 소리조차
이 처녀(妻女)의 마음을 핫! 핫! 놀래놓으면서-

6

전선이 운다, 잉 – 잉 – 하고
국교(國交)하러 가는 전신줄이 몹시도 운다.
집도 백양도 산곡도 외양간 '당나귀'도 따라서 운다,
이렇게 춥길래
오늘따라 간도 이사꾼도 별로 없지.
얼음장 깔린 강바닥을
바가지 달아매고 건너는
밤마다 밤마다 외로이 건너는
함경도 이사꾼도 별로 없지
얼음장 갈린 강바닥을
바가지 달아매고 건너는
함경도 이사꾼도 별로 안 보이지,
회령서는 벌써 마지막 차고동이 텄는데.

● ● ● 우리나라 최초의 서사시이며, 파인 김동환의 대표작이다. 두만강 근처의 한 마을을 배경으로, 당시 나라를 잃은 우리 민족의 삶의 애환을 보여준 시이다. 모두 3부 72장으로 구성되어 있으나 그 일부만 실었다. 순이와 순이 남편인 병남 그리고 순이의 옛 애인인 청년의 삼각관계를 중심으로 이야기가 전개되면서, 일제 치하에 그것도 국경 지방에 사는 소외 계층의 빈한한 삶을 묘사하였다. 1부 1장부터 긴장감이 돈다. 몰래 떠난 남편을 걱정하는 순이의 심정을 '파 하고 붙는 등잔'과 병치시켜 불안감을 조성하고 있다. 군호 소리, 화부 떼 소리, 얼음장 긋는 소리도 모두 남편과 연관시켜 생각하면서 기어이 흐느낀다. 그런 사이사이에 위트 있는 표현이 들어가 시를 읽는 재미를 더해 주고 있다. '호주(胡酒)에 취한 순경들이 / 월월월 이태백을 부른다(4)', '백양이 / 혼자 서서 바람을 걷어안고 춤을 춘다(5)', '잉- 잉- 하고 / 국교(國交)하러 가는 전신줄' 등.

김동환 117

강이 풀리면

강이 풀리면 배가 오겠지
배가 오면은 님도 탔겠지

님은 안 타도 편지야 탔겠지
오늘도 강가서 기다리다 가노라.

님이 오시면 이 설움도 풀리지
동지 섣달에 얼었던 강물도

제멋에 녹는데 왜 아니 풀릴까
오늘도 강가서 기다리다 가노라.

● ● 계절은 얼었던 강을 풀리게 하고 님의 소식은 설움을 풀리게 하지. 배에 님이 안 탔어도 편지야 탔겠지. 간접적인 방법으로 안타까움을 이렇게 절묘하게 표현해 놓았다.

마음의 고향

내 사공이라면 아무도 안 가본
새바다로 내 배를 몰겠고
내 소 치는 아이라면 아무도 안 가본
산골로 내 소를 이끌리라.
내 본디 성미 모든 것에 새것을
좋아하건만
그대만은 일생 두고 이대로,
옛 맘 옛 양자대로
꼭 지키고저.

● ● ● 맨 마지막 문장의 '그대만은 일생 두고 꼭 지키겠다' 는 말을 강조하기 위해서 앞의 것을 말하였다. 아주 효과적인 비유법이다. 흰 것을 강조하기 위해 검은 배경을 쓰고, 장미꽃을 돋보이게 하기 위해 쓰러져가는 담을 배경으로 그린 격이다. 안 가본 새 바다, 안 가본 산골로 소를 몰겠다는 말도 매력적이다.

김동환

Part 4
윤·곤·강

본관은 칠원(漆原). 본명은 붕원(朋遠). 보성고등보통학교를 거쳐 1928년 혜화전문학교를 중퇴했다. 1930년 일본으로 건너가 센슈대학[專修大學]을 졸업했고, 1934년 조선 프롤레타리아 예술가동맹(KAPF) 제2차 검거사건 때 체포되어 옥고를 치렀다. 〈자오선〉〈낭만〉〈초시학〉 등의 동인으로 활동했으며, 해방 직후 한때 조선문학가동맹에 가담했다. 1931년 시 〈옛 성터에서〉를 발표한 뒤 1936년부터 본격적인 창작활동을 시작했다.

나비

비바람 험살궂게 거쳐 간 추녀 밑-
날개 찢어진 늙은 노랑나비가
맨드라미 대가리를 물고 가슴을 앓는다.

찢긴 나래에 맥이 풀려
그리운 꽃밭을 찾아갈 수 없는 슬픔에
물고 있는 맨드라미조차 소태 맛이다.

자랑스러울 손 화려한 춤 재주도
한 옛날의 꿈조각처럼 흐리어
늙은 무녀(舞女)처럼 나비는 한숨진다.

● ● 노랑나비가 새빨간 맨드라미 대가리를 물고 있는 모습(1연)을 떠올려 보라. 원색이 강렬하게 칠해진 그림을 보는 듯하다. 즉 회화적인 이미지의 시이다. 나비의 현재와 과거가 대비되어 있다. 1, 2연에는 보잘것없이 초라해진, 화려했던 과거를 잃어버린 나비의 현재 모습이 그려져 있고, 3연에서는 회상하는 형식을 통해 한때 화려한 춤재주를 자랑했던 나비의 과거가 그려져 있다. 나비는 시의 화자의 인식을 표현하기 위해 선택된 제재로서, 이면에는 우리들 삶의 모습이 그려져 있다. 1939년에 발표된 작품으로서, 날개 찢어진 노랑나비는 시대이며, 국가이며, 나 자신이다. 시를 통해 자신의 모습을 확인하고 성찰하는 것은 아프지만 아름다운 일이다.

면경 面鏡

올 사람도 없고
기다릴 사람도 없는
바닷속 같은 방안 —

테 없는 거울
그 속에 비친 얼굴을
뚫어지라 쏘아볼 때

누가 자취도 없이 들어와서
저 거울마저 빼앗아간다면……

오오
소리 없음을 '靜寂'이라면
외로움은 한 개 색다른 죽음이냐

● ● 면경은 얼굴을 비쳐보는 작은 거울이다. '올 사람도 없고 기다릴 사람도 없는 방'과 누구의 얼굴도 비추지 않은 텅 빈 거울의 겹침이 참 쓸쓸하다. 하지만 시인은 거울에 얼굴을 비쳐본다. 존재의 확인이며 자기 성찰의 행위이다. 얼굴을 그냥 보는 게 아니라 뚫어져라 쏘아본다. 그때 누군가가 거울을 빼앗아간다면, 그건 존재 확인할 기회를 빼앗기는 것이고, 자기만의 고귀한 놀이를 빼앗기는 것이다. 죽음과도 통하는 상실이다. 방은 '소리 없는 정적'을 담고 있는 공간이고 거울은 외로움을 견디게 해 주는 삶의 공간이다.

자화상

텅 빈 방안에 누워
쪽거울을 본다.

거울 속에 나타난
무서운 눈초리

코가 높아 양반이래도 소용없다.
입센처럼 이마가 넓대도 자랑일 게 없다

아름다운 꿈이 뭉그러지면
성가신 슬픔은 바위처럼 가슴을 덮고

등 뒤에는 항상 또 하나의 다른 내가 있어
어름같은 눈초리로 나를 노려보고
하하하 코웃음 치며 비웃는 말--

한낱 버러지처럼 살다가
한낱 버러지처럼 죽으라

● ● 민족시인 윤동주는 산모퉁이를 돌아 '논가 외딴 우물' 속에서 자신의 얼굴을 들여다보았다. 윤곤강 시인은 텅 빈 방안에 누워 쪽거울을 통해 자신을 들여다본다. 윤동주는 우물 속에서 만난 자신을 대하는 감정이 미움-가여움-그리움 이렇게 세 단계로 바뀐다. 이 시의 화자는 자신의 외면적인 모습과 내면을 관찰한다. 눈에 보이는 얼굴의 눈초리는 무섭고 코는 높으며 이마는 넓다. 내면에 있는 또 하나의 나는 아름다운 꿈이 뭉그러지면 바위 같은 슬픔이 가슴을 덮으며, 어름 같은 눈초리로 자신을 노려보며 코웃음친다. 그리고 버러지처럼 살다 버러지처럼 죽으라고 비웃는다. 시인은 버러지처럼 죽지 않으려고 거울을 본다. 꿈이 뭉그러지지 않게 돌보려고 거울을 본다. 1939년에 발표된 시다. 시대정신을 잃지 않으려는 노력으로 보아도 좋을 것이다.

갈망 渴望

뼈저린 눈보라의 공세에 대지는 명태같이 말라붙고
겨울은 아직 냉혹한 채찍을 흔들며
지상의 온갖 것을 모조리 집어먹으려 한다
멀미나는 고난의 밤 겨울도 이제는 맛창이 날 때도 되었건만
아직도 끊길 줄 모르고 몰려드는 북풍의 공세

그놈의 공세의 방향을 노리면서
견딜 수 없는 봄의 갈망에 흐느껴 울다가
이제는 울 기운조차 없어지고야 만 애닯은 목숨들이
여기에 사체(死體)와 같이 누워 있다.
진물나는 눈동자처럼 맥없이 스러지는 겨울날의 태양아

너는 우리들의 굳센 의욕을 알리라.
어서! 분마(奔馬)와 같이 걸음을 달리어라.
냉혹한 겨울을 몰아낼 봄바람을 실어오기 위하여 —.

갈망에 가슴 조이는 우리가 두 손을 쩍 벌리고
그놈을 안아 들일 날
오고야 말 그놈을 한시라도 쉽게 거머잡고 싶은 말
못할 갈망이여

지상의 온갖 것을 겨울의 품으로부터 빼앗고
향기로운 봄의 품안에다 그것들을 덥석 안겨 주고픈
불타는 갈망이여

● ● 불타는 갈망, 봄을 기다리는 갈망이다. 지상의 온갖 것을 겨울의 품에서 빼앗고 싶은, 오고야 말 그놈을 당장에 거머잡고 싶은 갈망이다.
눈보라의 공세, 고난의 밤, 냉혹한 겨울은 명태같이 말라붙은 갈망의 굳센 의욕을 알고 있다. 지상의 온갖 것을 집어먹으려 하는 냉혹한 겨울 앞에서 울 기운조차 없는 애달픈 목숨들이 사체처럼 누워 있지만 갈망은 아직 살아 있다. 언제까지 살아 있을 것이다. 갈망을 괴롭히는 그런 존재들이 갈망을 있게 하는 에너지 원천이기 때문이다.

윤곤강

아지랑이

머언 들에서
부르는 소리
들리는 듯

못 견디게 고운 아지랑이 속으로
달려도
달려가도
소리의 임자는 없고,

또 다시
나를 부르는 소리,
머얼리서
더 머얼리서
들릴 듯 들리는 듯…….

● ● 아련한 꿈을 꾸는 듯하다. 애타게 기다리고 있는 그러나 만날 수 없는 누군가를 애타게 갈망하고 있다. 아지랑이를 소리로 표현하였다. 눈앞에 꿈처럼 아른거리는 아지랑이 속에서 들리는 목소리의 주인공을 찾아나서고 싶다.

외가집

엄마에게 손목잡혀
꿈에 본 외가집 가던 날
기인기인 여름해 허둥지둥 저물어
가도가도 산과 길과 물뿐

별떼 총총 못물에 잠기고
덩굴 속 반딧불 흩날려
여호 우는 숲 저쪽에
흰달 눈썹을 그릴 무렵

박넝쿨 덮인 초가 마당엔
집보다 더 큰 호두나무 서고
날보고 웃는 할아버지 얼굴은
시들은 귤처럼 주름졌다

● ● 어린 시절에 가본 외갓집은 성인이 되어서도 잊을 수 없는 추억으로 자리 잡는 경우가 많다. 긴 여름해가 저물었는데도 아직 도착하지 못할 정도로 먼 곳에 있을수록 더 아련한 추억으로 있다. 하늘에 별이 뜨고 숲속에서 여우가 울고 눈썹달이 떴을 때 도착한 외갓집. 그누구보다 반갑게 맞아주는, 시든 귤처럼 주름진 외할아버지가 있기에 더 깊은 추억이 된다.

윤곤강

해바라기

벗아! 어서 나와
해바라기 앞에 서라.

해바라기꽃 앞에 서서
해바라기꽃과 해를 견주어 보자.

끓는 해는 못 되어도
가을엔 해의 넋을 지녀
해바라기의 꿈은 붉게 탄다.

햇살이 불처럼 뜨거워
불열에 눈이 흐리어

보이지 않아도, 우리 굳이
해바라기 앞에 서서
해바라기처럼 해를 보고 살지니

벗아! 어서 나와
해바라기 꽃앞에 서라

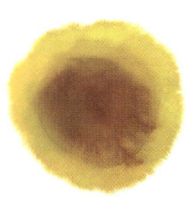

● ● ● 주제가 선명하다. 시의 화자가 '벗아!' 하고 친구를 불러내어 '~라, ~하자'고 명령하고 권유한다. 어투가 강한 만큼 화자가 지향하는 의미와 목적이 분명하게 제시되어 있다. 직설적으로 말하면 시가 아니다. 은유나 상징을 통해 간접적으로 제시해야 하는데, 이 시가 직접적으로 권유하고 의미를 드러내고 있는데도 시인 것은 해바라기라는 사물을 통해 해바라기의 특성에 빗대어 의미를 드러냈기 때문이다. 태양을 향해 얼굴을 돌리며 사는 해바라기의 상징은 정열, 의지, 빛이다. 그처럼 밝고 강하게 살자는 뜻을 분명히 전달하고 있다.

윤곤강

가을

한 밤 동안에
나뭇잎들이
피투성이가 되고

해질 무렵이면
하늘 가엔
노을도 고웁게 선다

바람 속엔 항상
암사슴의
배꼽내가 풍기고

바람 속엔 항상
애끓는
피리의 가락이 운다

● ● 1연과 2연은 시각적 이미지, 3연은 후각적 이미지, 4연은 청각적 이미지를 사용하여 가을을 표현하였다. 특히 3연의 바람 속에서 풍기는 암사슴의 배꼽내가 관능적이고도 신비로운 느낌을 준다. 가을이 그렇게 스산했던 것은 바람 속에서 피리가락이 애끓게 울기 때문이다.

개똥벌레

저만이 어둠을 꿰매는 양
꽁무니에 등불을 켜 놓고 달고 다닌다

● ● ● 하이쿠를 보는 듯하다. 짧은 글로 긴 울림을 주는 일본의 전통시 하이쿠. 하이쿠의 대가 마쓰오 바쇼의 하이쿠를 보면, '내 앞에 있는 사람들 저마다 저만 안 죽는다는 얼굴들일세', '얼마나 놀라운 일인가, 번개를 보면서도 삶이 한순간인 걸 모르다니!'라는 것이 있다.
어떤 긴 충고의 말보다 큰 울림을 준다.
사실 개똥벌레는 어둠을 밝히기(꿰매기) 위해 반짝거리는 건 아니다. 사람의 입장에서 사람의 시선으로 이렇게 자의적으로 해석하는 것뿐이다. 그걸 개똥벌레가 좋아할지……

윤곤강

황소

바보 미련둥이라 흉보는 것을
꿀꺽 참고 음메! 우는 것은

지나치게 성미가 착한 탓이란다
삼킨 콩깍지를 되넘겨 씹고
음메 울며 슬픔을 삭이는 것은

두 개의 억센 뿔이 없는 탓은 아니란다

● ● ● 황소는 예전 농가의 큰 재산이었다. 황소 몇 마리로 집안 살림을 일구고, 자식들 대학 공부까지 시키는 보물이었다. 크고 말간 눈을 껌벅거리며 음메~ 우는 황소의 모습을 보고 착하다고 말하지 않을 사람은 없다.
후반부에서 '슬픔을 삭이는 것은 뿔이 없는 탓이 아니라' 는 말에는 날카로운 뼈가 들어 있다. 미련둥이(바른 말은 미련퉁이)라고 흉보는 것은 성품이 순한 탓이지만 슬픔을 삭이는 것은 다른 뜻이 있어서다. 뿔을 사용해 공격할 수도 있지만 그것보다 더 크게 생각하는 게 있기 때문이다.

폐원

머-ㄴ 생각의 무성한 잡초가
줄줄이 뻗어 엉클어지고 자빠지고
눈물같은 흰꽃 한 송이 방긋 핀 사이로

사-늘한 주검이 배암처럼 기어가다가
언뜻 마주친 때 임이 부르는 눈동자처럼
진주빛 오색 구름장이 돋아나는 것

외로운 사람만이 안다
외로운 사람만이 알어
슬픔의 빈터를 찾아
쪽제비처럼 숨이는 마음

● ● 마음속 폐원이다. 슬픔이 가득하고 생각의 잡초가 무성한 곳. 잡초가 헝클어지고 자빠지고, 무질서하게 자라난 폐원에 눈물 같은 흰 꽃 한 송이가 방끗 피어 있다. 그 사이로 사늘한 주검이 배암처럼 기어간다. 주검이 기어가다니, 삶과 죽음이 분리가 되어 있지 않다. 언뜻 눈이 마주치자 임이 부르는 눈동자처럼 오색 구름장이 돋아난다. 족제비처럼 찾아간 그 빈터에서 만난 진주빛 오색 구름장, 그것은 임이 부르는 눈동자처럼 반가운 것이다. 외로운 사람만이 가는 폐원. 그곳에서 만나는 쓸쓸한 만남이다.

윤곤강

지렁이의 노래

알지 못할 게라 검붉은 흙덩이 속에
나는 어찌하여 한 가닥 붉은 띠처럼
긴 허물을 쓰고 태어났는가

나면서부터 나의 신세는 청맹과니
눈도 코도 없는 어둠의 나그네이니
나는 나의 지나간 날을 모르노라
닥쳐올 앞날은 더욱 모르노라
자못 오늘만을 알고 믿을 뿐이노라

낮은 진구렁 개울 속에 선잠을 엮고
밤은 사람들이 버리는 더러운 쓰레기 속에
단 이슬을 빨아마시며 노래 부르노니
오직 소리 없이 고요한 밤만이
나의 즐거운 세월이노라

집도 절도 없는 나는야
남들이 좋다는 햇볕이 싫어
어둠의 나라 땅 밑에 반듯이 누워
흙물 달게 빨고 마시다가
비오는 날이면 땅위에 기어나와
갈 곳도 없는 길을 헤매노니

어느 거친 발길에 채이고 밟혀
몸이 으스러지고 두 도막에 잘려도
붉은 피 흘리며 흘리며 나는야
아프고 저린 가슴을 뒤틀며 사노라

(정해 여름 삼팔선을 마음하며)

● ● 지렁이가 시의 화자이다. 지렁이 겉은 멀쩡해도 앞을 보지 못하는 청맹과니처럼 못난 신세를 한탄하고 있다. 지렁이의 목소리를 통해 지렁이 삶에 대해 듣다 보니 이건 지렁이의 삶이 아니다. 능력 없어 초라한 우리들의 모습이다. 시대적인 상황에 비추어 볼 때 38도선이 생겼을 때이고, 시 끝에 적힌 '정해 여름'으로 보아 1947년에 삼팔선을 생각하면서 쓴 시이다.
해방이 되었어도 대한민국은 여전히 우리의 나라가 아니었다. 미군정에 의해 다스려져 자율성이 없는 나라였다. 집도 절도 없는 나, 어둠의 나라, 갈 곳도 없는 길을 다니고 있었다. 마지막 연에 이 시의 주제가 들어 있다. '몸이 으스러지고 두 도막에 잘려도 붉은 피 흘리며 아프고 저린 가슴을 뒤틀며' 살 수밖에 없었다. 자신의 운명을 잘 개척해 나가려면 먼저 운명의 선택권을 자신이 쥐고 있어야 한다.

윤곤강

진리眞理에게

어떤 어둠 속에서도 진리(眞理)! 너는
항상 불타는 뜻을 잃지 않았다.
오랜 세월을 비바람 눈보라 속에
날개를 찢기고 찢기면서도 너는
단 한 번 고개 숙인 적이 없구나.
불타는 넋이여, 곧고 억센 힘이여.
너는 언제나 깊은 잠 속에서도 깨어나
화살처럼 곧고 빠른 네 뜻을 세워나간다.

감당할 수 없는 어떤 큰 힘이 있어
너를 내놓아라, 나에게 울러댄다면
진흙 속에 얼굴 파묻고 고꾸라질지라도
나는 못 주겠노라 오직 너 하나만은
십자가에 못박혀 피흘리고 죽은 이처럼
빛나는 눈알에 괴로운 입술 깨물어
삶과 죽음을 넘어선 삶의 기쁨을 안고
찬란한 네 품에 안겨 눈감을지라도…

오오, 영원한 세월 속에 사는 것,
너만이 끊임없이 괴로움 속에서
새벽을 알려주는 쇠북소리.
너만이 새날이 닥쳐옴을 알려주고
너만이 살아있는 보람을 믿게 해주고
너만이 나와 나의 벗들의 흩어진 마음을
보이지 않는 실마리로 굳게 얽어준다.

● ● 진리에 대한 강한 믿음이 나타나 있다. 1연에서는 진리의 속성에 대해 노래하였다. 진리는 항상 불타는 뜻을 잃지 않고, 비바람 속에서도 고개 숙이지 않으며, 깊은 잠 속에서도 화살처럼 곧고 빠른 뜻을 세워나간다.
2연은 진리 앞에서의 다짐이다. 감당할 수 없는 어떤 큰 힘이 진리를 내놓으라 울러대도 절대로 주지 않을 것이라고 다짐한다.
3연은 진리에 대한 찬양이다. 영원한 세월 속에 사는 진리는 끊임없는 괴로움 속에서 유일하게 새벽을 알려주는 쇠북소리이며, 살아 있는 보람이며, 벗들의 흩어진 마음을 굳게 이어주는 존재이다.

세월

물처럼 흘려 보냈노라
구름처럼 띄워 보냈노라

서른 해의 나의 세월!

멀미나는 어둠 속에서
지리한 밤이 지새어 가고

젖빛 새벽이 보오얀 제 품 안에
불꽃 햇살을 안고 올 때마다

항상 나는 피보다도 붉은 마음으로
소리 높여 외쳤노라 자랑했노라

이 하늘 밑에 태어난 슬픔을!
이 하늘 밑에 태어난 기쁨을!

● ● 이 하늘 밑에 태어난 슬픔, 이 하늘 밑에 태어난 기쁨을 소리 높여 외치고 자랑할 수 있는 것은 피보다 붉은 마음으로 세월을 살았기 때문이다. 슬픔과 기쁨이라는 인간의 대표적인 두 감정으로 세월에 대한 회한을 표현하였다. 물처럼 구름처럼 흘려보내고 나면 다시는 잡을 수 없는 세월. 지루하고 멀미나는 어둠이 곳곳에 자리해 있지만 젖빛 새벽이 품 안에 불꽃 햇살을 안고 오는 것은 기정사실이다. 그래서 언제나 기쁨과 슬픔이 공존하는 세월이지만 소리 높여 붉은 마음을 외치고 자랑할 수 있다.

엘레지 ELEGIE

안개처럼 가라앉은
마음의 변두리에
악마가 푸른 눈초리로
슬며시 엿보는 밤

죽지 않는 정열의 풍차가
저절로 미쳐서 빙빙 돌다가
제풀에 지쳐 주저앉은 시간이다

송장처럼 다문 입술 위에
까마귀처럼 떠도는 벙어리 침묵이
가없는 밤의 '캠버스' 위에다
자줏빛 축문을 그려놓는 순간

눈물에 녹아 흐른 마음은
미친 바람에 취한 물고기처럼
슬픔의 바다 한복판에 자맥질치고

넋이 날아간 몸둥아리는
어미 잃은 송아지처럼 밤 새워 우노니
나의 파로—마야, 너는 갔느냐

● ● 슬픔을 노래한 가곡 즉 애가, 비가를 엘레지라고 한다. 1연 '안개처럼 가라앉은 마음의 변두리', 4연에 '눈물에 녹아 흐른 마음', 5연에 '넋이 날아간 몸둥아리'라는 구절에서 마음의 상태가 어떤지를 엿볼 수 있다. 정열의 풍차가 제풀에 지쳐 주저앉은 시간에 벙어리 침묵이 자줏빛 축문을 그려놓았다. 어미 잃은 송아지처럼 밤 새워 우는데 '너'는 어디론지 가고 없다. 여기서 '너'란 실재의 어떤 대상이라기보다 정신적인 지주가 아닐까.
관념과 정서를 이미지화한 구절 예를 들면, '악마의 푸른 눈초리, 죽지 않는 정열의 풍차, 까마귀처럼 떠도는 벙어리 침묵, 미친 바람에 취한 물고기, 슬픔의 바다 한복판' 등이 내용에 자연스럽게 녹아들지 못하는 면이 있다.

인경

울었다, 인경
울었다, 인경
거짓말이 아니라, 정말
인경이 울었다.

쌓이고 쌓인 세월 속에
두고 두고 먼지와 녹이 슬어
한 마리 커어단 짐승처럼
죽은 듯 잠자던 인경……

살을 에우고 뼈를 깎는 원한에
이 악물고 참았던 서러움
함께 복받쳐 나오는 울음처럼
미친 듯 울부짖는 종소리……

나는 들었노라, 정녕 들었노라,
두 개의 귀로, 뚜렷이 들었노라
— 이젠 새 세상이 온다
— 이젠 새 세상이 온다.

● ● 윤곤강이 한때 교사로 있던 보성고등학교 교정에 인경 시비가 있는데 그곳에는 옛날 표기 그대로 '잉경'이라고 새겨져 있다. '인경'은 통행금지를 알리거나 해제하기 위하여 치던 종을 말한다.
시인은 모교인 보성학교 국어교사로 부임하여 보성교지 《인경》을 창간하면서 1946년 가을에 이 시를 쓴 것으로 추정된다.
이 시에서 인경은 해방 이후, 새로운 세상이 오기를 기대하는 상징물로 쓰였다. 한동안 녹슨 채 커다란 짐승처럼 잠자던 인경은 할 일을 못하고 있는 무용지물로서 희망이 없는 상태를 형상화한 것이다. 하지만 시인은 이제 뚜렷이 들었다. 참았던 서러움과 함께 미친 듯 울부짖는 종소리를, 그것은 새 세상이 올 것이라는 믿음의 소리이다.

피리

보름이라 밤 하늘에
달은 높이 켠 등불 같아라
임아 홀로 가신 임아
이 몸은 어찌하라 홀로 두고
임만 혼자 훌훌히 가셨는고

아으 피 맺힌 내 마음
피리나 불어 이 밤 새우리
숨어서 밤에 우는 두견새처럼
나는야 밤이 좋아 달밤이 좋아

이런 밤이사 꿈처럼 오는 이들
달을 품고 울던 '벨레이느'
어둠을 안고 간 '에세이닌'
찬 구들 베고 눈 감은 고월(古月), 상화(尙火)…

낮일랑 게인 양 엎디어 살고
밤일랑 일어나 피리나 불고지고

어두운 밤의 장막 뒤에 달 벗삼아
임이 끼쳐주신 보밸랑 고이 간직하고
피리나 불어 설운 이 밤 새오리
다섯 손가락 사뿐 감아 쥐고
살포시 혀를 대어 한 가락 불면
은쟁반에 구슬 굴리는 소리
슬피 울어 예는 여울물 소리
왕대숲에 금바람 이는 소리…

아으 비로소 나는 깨달았노라
서투른 나의 피리소리이언정
그 소리 가락가락 온 누리에 퍼지어
메마른 임의 가슴속에도
붉은 핏방울 방울 돌면
찢기고 흩어진 마음 다시 엉기리

● ● 시집 〈피리〉(1948)의 표제 시이다. 윤곤강 시인은 1950년에 사망하였으니 이 시는 그의 후기시에 속한다. 후기에 와서 시인은 우리 전통에 대한 관심을 많이 가지고 그것을 시화하려고 노력했다. 이 시에서도 보면 '아으'라는 감탄사를 사용하였는데, 그것은 고려 가요 〈동동〉에 나오는 후렴구이다. 피리는 우리나라 전통 악기로서 이 시에서는 임을 잃은 슬픔을 달래는 도구로 쓰였다. 그의 다른 시보다 호흡이 많이 길다. '시는 표현'이라고 말하며 새로운 표현에 힘쓰며 감각적인 이미지에 치중했던 이미지즘 시와는 사뭇 다르다. 전통적인 시의 가락이나 운율을 신경을 썼고, 묘사보다는 진술의 방법으로 시를 써 나갔다. 3연에 고월은 이장희, 상화는 이상화를 말한다.

시의 화자의 생각이 드러나 있는 곳은 3연이다. 낮엔 게처럼 엎드려 있다가 밤에 임이 끼친 보배를 생각하며 피리나 불며 지새겠다고 진술하였다. 서투르지만 그 소리가 온 누리에 퍼져 임의 가슴속에서 다시 엉길 것을 바라고 있다.

입추 立秋

소리 있어 귀 기울이면,
바람에 가을이 묻어 오는

바람 거센 밤이면,
지는 잎 창에 와 울고.

다시 가만히 귀 모으면
가까이 들리는 머언 발자취,

낮은 게처럼 숨어 살고
밤은 단잠 설치는 버릇,

나의 밤에도 가을은 깃들어
비인 마음에 찬 서리 내린다.

● ● 가을에는 소리에 예민해진다. 뭔가 어디선가 바스락거리는 소리가 늘 들려온다. 이 시에서도 청각이 아주 예민해 있다. 가을이 바람에 묻어오는 소리(1연), 낙엽이 창에 와 우는 소리(2연), 무언지 모르는 것의 먼 발자취(3연)를 듣고 있다. 입은 저절로 닫힌다. 게처럼 숨어 있다가 밤에 다시 귀를 기울인다. 어쩐 일일까, 밤엔 빈 마음에 찬 서리 깃드는 소리가 들린다.

윤곤강

밤차

다만 두 줄기 무쇠 길을 밟으며
검은 밤의 앙가슴을 뚫고
지금 나는 들을 달리고 있다.

나의 품 안에 얹혀 가는 가지가지 사람들,
남에서 북에서 오고가는 사람들
- 누가 좋아서만 가고 온다더냐?

양초마냥 야위어 돌아오는 가시내,
술 취한 마음으로 집을 나선 사내,
- 대체 그게 어쨌단 말이냐?

나는 모른다, 캄캄한 나의 앞길에
무엇이 기다리는지 누가 쓰러져 있는지
수없이 많은 나의 발길의 망설임!

나에겐 비바람 눈보라의 밤낮이 따로 없다.
먹구렝이 같은 몸뚱이를 뒤틀며 뒤틀며
나는 달려야 한다, 논과 밭 내와 언덕 산과 속…

● ● ● 시 속에서 밤차가 말하고 있다. 밤차가 강건하고 의지가 굳은 사람으로 태어나 자기 갈 길에 대해 말하고 있다. 목소리가 굵고 힘차다. 이 사내는 검은 밤의 앙가슴을 뚫고 들을 달리고 있는 자기 품 안에 있는 사람들을 연민으로 바라보고 있다. 양초마냥 야윈 가시내, 술 취한 사내. 그들의 아픔을 감싸며 그들의 생을 이해하고 있다. 비바람 눈보라의 밤낮이 따로 없는 길을 달려온 사내이기에 좋아서만 가고 오는 것이 아닌 생의 속성을 벌써 다 알고 있다. 우직하고 심지 굳은 내 아버지, 내 오빠의 모습이다. 두 줄기 무쇠 길을 밟으며 나도 그 길을 가리라.

윤곤강

바다에서

해 서쪽으로 기우련
일곱 가지 빛깔로 비늘진 구름이
혼란한 저녁을 꾸미고
밤이 밀물처럼 몰려 들면
무딘 내 가슴의 벽에
철썩 부딪쳐 깨어지는 물결······
짙어 오는 안개 바다를 덮으면
으례 붉은 혓바닥을 저어
등대는 자꾸 날 오라고 부른다.
이슬 밤을 타고 내리는 바윗 기슭에
시름은 갈매기처럼 우짖어도
나의 곁엔 한 송이 꽃도 없어······

● ● ● 바다의 풍경을 형상화하였지만, 쉽사리 이해되지 않는 관념이 많이 들어 있다. 눈은 앞의 바다를 보고 있지만 시인의 마음에는 '내 가슴의 벽에 철썩 부딪쳐 깨어지는 물결'로 이루어진 바다가 또 하나 들어찬다. 그 바다에 밀물처럼 밤이 몰려들고 있다. 안개가 바다를 덮으면 등대가 붉은 혓바닥을 저어 시의 화자를 부른다. 시름은 갈매기처럼 우짖는다. 곁에는 한 송이 꽃도 없다. 해는 서쪽으로 기울었다. 밤바다에서 함께 보낼 누군가가 필요하다.

꽃 피는 달밤에

빛나는 해와 밝은 달이 있기로
하늘은 금빛도 되도 은빛도 되옵니다.

사랑엔 기쁨과 슬픔이 같이 있기로
우리는 살 수도 죽을 수도 있으오이다.

꽃피는 봄은 가고 잎피는 여름이 오기로
두견새 우는 달밤은 더욱 슬프오이다.

이슬이 달빛을 쓰고 꽃잎에 잠들기로
나는 눈물의 진주구슬로 이 밤을 새웁니다.

만일 당신의 사랑을 내 손바닥에 담아
금방울 같은 소리를 낼 수 있다면
아아, 고대 죽어도 나는 슬프지 않겠노라.

● ● ● 마지막 연을 말하기 위해 앞의 4연이 동원되었다. 상반되거나 대조되는 존재가 서로 어울려 조화를 이루는 삶의 법칙을 1연~4연까지 여러 비유를 들어 밑바탕을 만들어 놓고는 진정으로 말하고 싶은 상대에게 고백을 한다. 당신의 사랑을 손바닥에 담아 금방울 같은 소리를 낼 수 있다면 금방 죽어도 슬프지 않겠노라고. '만일' 이라는 가정법이 이루어지지 않고 정말 가정법으로 끝난다면······

윤곤강

고백

꽃가루처럼
보드러운 숨결이로다.

그 숨결에
시들은 내 가슴의 꽃동산에도
화려한 봄 향내가
아지랑이처럼 어리우도다.

금방울처럼
호동그란 눈알이로다!

그 눈알에
굶주린 내 청춘의 황금 촛불이
유황처럼 활활 타오르도다.

얼싸안고 몸부림이라도 쳐볼까
하늘보다도 높고 바다보다도 더 넓은 기쁨!

오오!
하늘로 솟을까봐!
주정군처럼, 미친놈처럼……

● ● "시는 표현이요, 표현이 없는 곳에서 시의 창조를 찾으려는 것은 허망에 불과하다."고 말한 윤곤강 시인이다. 시의 내용이나 주제보다는 심미적인 표현에 더 주력했다는 말이다. 즉 '무엇'을 쓰는가보다 '어떻게' 쓰는가에 더 무게를 둔 생각이다. 한때 카프에 관여하여 현실인식이 투철한 시를 쓰기도 했지만 시 본연의 모습을 생각하고 있었던 것이다. 이 시에서도 새로운 표현을 위해 애쓴 흔적이 보인다. '금방울처럼 호동그란 눈알', '굶주린 내 청춘의 황금 촛불'. 누구에게 어떤 고백을 들었는지는 중요하지 않다. 고백을 들은 후의 느낌을 생동적이고 활달한 이미지로 표현하였다. 주로 상향적인 이미지인데, 결국은 하늘로 솟아오를 것 같다.

Part 5

김·상·용

본관은 경주. 호는 월파(月坡). 시인·영문학자로 주로 전원적이며 목가적인 삶을 읊었다. 시조시인 오남(午男)은 그의 여동생이다. 1930년 〈동아일보〉에 시 〈무상 無常〉〈그러나 거문고의 줄은 없고나〉를 발표하여 문단에 나왔다. 1930년대 우리나라의 문단 전반에 흐르고 있던 순수 서정시 운동과 맥을 함께 한 그의 시는 자연 그 자체의 아름다움을 읊었던 청록파 시인들과는 다르다. 전원적 삶을 대상으로 '나'와 '자연'의 화해, 자연의 품에 안긴 삶을 지향했다. 대표시 〈남으로 창을 내겠소〉에서는 자연 속에 묻혀 살면서 그 속에서 인생을 관조하는 경지를 보여준다.

남南으로 창窓을 내겠소

남(南)으로 창(窓)을 내겠소
밭이 한참갈이
괭이로 파고
호미론 풀을 매지요

구름이 꼬인다 갈 리 있소
새 노래는 공으로 들으랴오
강냉이가 익걸랑
함께 와 자셔도 좋소

왜 사냐건
웃지요.

● ● ● 이 시의 매력은 맨 마지막 연에 있다. 왜 사느냐고 물으면 웃는다는 답변이 관조적으로 느껴진다. 파인 김동환의 시 「웃은 죄」(지름길 묻길래 대답했지요. / 물 한 모금 달라기에 샘물 떠 주고, / 그러고는 인사하기에 웃고 받았지요. / 평양성에 해 안 뜬대도 / 난 모르오, / 웃은 죄밖에.)의 마지막 구절과 느낌이 비슷하다. 사는 이유를 말하지 않고 웃음으로 대신하는 무슨 사연이 있음직한데, 그것도 궁금해진다. 남쪽으로 창을 낸다는 표현에서는 매우 낙관적인 자세가 엿보이며, 구름이 꼬인다 해도 떠나지 않고 새의 지저귐을 공짜로 듣는다는 데서는 달관된 여유가 느껴진다. 김상용은 1902년에 태어나 6·25전쟁 중인 1951년도에 식중독으로 사망하였다.

나

나를 반겨함인가 하여
꽃송이에 입을 맞추면
전율한 만치 그 촉감은 싸늘해-

품에 있는 그대로
이해 저편에 있기로
'나'를 찾았을까?

그러나 기억과 망각의 거리
명멸하는 수없는 '나'의
어느 '나'가 '나'뇨.

● ● 마치 깨달은 고승의 시를 읽는 듯하다. 꽃송이에서 싸늘함을 느낀다는 표현도 범상하지 않고, 품에 있는 그대로의 혹은 이해 저편에 있는 '나'를 찾고 있다. 나는 어디에 있을까? 기억과 망각의 거리, 그 거리가 얼마만큼인지도 모르는데 그 안에 또 명멸하는 나가 수없이 많이 존재하고 있다. 그중에 진정한 나는 어느 것이며, 그것이 진정한 나이긴 한 것인가?

물고기 하나

웅덩이에 헤엄치는 물고기 하나
그는 호젓한 내 심사에 걸렸다.

돎새 너겁 밑을 갸웃거린들
지난 밤 져버린 달빛이
허무로히 여직 비칠 리야 있겠니?
지금 너는 또 다른 웅덩이로 길을 떠나노니
나그네 될 운명이
영원 끝날 수 없는 까닭이냐.

● ● ● 1연에서는 절 처마 밑에 달려 바람에 흔들리면서 종을 울리는 풍경이 연상된다. 허공의 웅덩이에서 헤엄치는 물고기.
2연 1행의 '너겁'은 괴어 있는 물에 떠 있는 지푸라기나 티끌 같은 검불, 돌이나 바위 따위가 놓여 생긴 틈을 말한다. '돎새'는 사전에 나와 있지 않는 말인데, 돌틈을 말하는 것 같다. 시인은 고인 물 돌 틈에서 지난밤의 달빛을 찾으려 하고 있다. 허황되지만 꿈을 좇는 우리의 모습이 이와 다르지 않다. 1930년대에 이런 표현을 할 수 있다니, 감각적이고 새롭다. 이미 없는 달빛인 것을 알고 있다. 인생은 그렇게 좇아야 할 꿈을 찾아다녀야 살 수 있는 것, 또 다른 웅덩이를 향해 길을 떠나야 한다.

김상용

노래 잃은 뻐꾹새

나는 노래 잃은 뻐꾹새
봄이 어른거리건
사립을 닫치리라
냉혹(冷酷)한 무감(無感)을
굳이 기원(祈願)한 마음이 아니냐.

장미빛 구름은
내 무덤 쌀 붉은 깊이어니
이러해 나는
소라[靑螺]같이 서러워라.

'때'는 짖궂어
꿈 심겼던 터전을
황폐(黃廢)의 그늘로 덮고……

물 긷는 처녀(處女) 돌아간
황혼(黃昏)의 우물가에
쓸쓸히 빈 동이는 놓였다.

● ● ● 1연에서 봄이 어른거리면 사립을 닫겠다고 한 표현은 참으로 재치 있다. 나뭇가지를 성성하게 엮어 만든 사립문을 닫는다고 봄이 들어오지 못하겠는가. 하지만 그 표현이 시 전체 분위기를 결정하고 있다. 어떤 대상에게 갖고 있는 냉혹한 감정, 2연의 장미빛 구름조차 무덤의 깊이로 치환되었고, 3연에서는 황폐한 시대(때)를 묘사하고 있으며, 물 길러 왔던 처녀는 어찌해서, 어떤 급한 일을 당했기에 물동이를 놓고 우물가를 떠났을까. 노래 잃은 뻐꾹새는 감정을 표현할 수 없는 혹은 권리를 빼앗긴 존재, 위급한 상황에 처한 존재에 대한 은유이다.

태풍

죽음의 밤을 어질르고
문을 두드려 너는 나를 깨웠다.

어지러운 명마(兵馬)의 구치(驅馳)
창검의 맞부딪힘,
폭발, 돌격!
아아 저 포효(泡哮)와 섬광!

교란(攪亂)과 혼돈의 주재(主宰)여
꺾이고 부서지고,
날리고 몰려와
안일을 향락하는 질서는 깨진다.

새싹 자라날 터를 앗어
보수와 저애(沮碍)의 추명(醜名) 자취하던
어느 뫼의 썩은 등걸을
꺾고 온 길이냐.

풀 뿌리, 나뭇잎, 뭇 오예(汚穢)로 덮인
어느 항만을 비질하여
질식에 숨지려는 물결을
일깨우고 온 길이냐.

어느 진흙 쌓인 구렁에
소낙비 쏟아 부어
중압(重壓)에 울던 단 샘물
웃겨 주고 온 길이냐.

파괴의 폭군!
그러나 세척과 갱신의 역군(役軍)아,
세차게 팔을 둘러
허섭쓰레기의 퇴적(堆積)을 쓸어 가라.

상인(霜刃)으로 심장을 헤쳐
사특, 오만, 순준(巡逡)에의 버리면
순직과 결백에 빛나는 넋이
구슬처럼 새 아침이 빛나기도 하려니……

●●● 2연의 구치는 말을 타고 돌아다니는 것을 뜻한다. 그 외 한자어가 많아 제대로 이해하기 어려운 부분이 있다. 태풍은 비바람을 몰고 오는 자연 현상을 말하는 것이 아니라 전쟁과 싸움의 현장을 은유하는 것이다. 창검의 맞부딪힘, 폭발, 돌격, 포효와 섬광의 태풍이다.
이 시는 크게 세 부분으로 나눌 수 있다. 1, 2, 3연의 전반부, 4, 5, 6연의 중반부, 7, 8연의 후반부. 전반부는 태풍으로 은유한 싸움터의 묘사, 중반부는 싸움의 당위성을 묻는 형식으로 풍자의 목소리가 담겨 있다. 후반부는 직설적이고 냉소적인 목소리로 전쟁의 폭군에게 허섭쓰레기의 퇴적을 쓸어가라고 말한다. 시어가 대체로 강하고 직설적이다.
마지막 연 '상인'은 서슬 푸른 칼날을 의미하는 말. 7연의 허접쓰레기는 '허섭쓰레기'가 맞는 말이다.

향수

인적(人跡) 끊긴 산(山) 속
돌을 베고
하늘을 보오.

구름이 가고,
있지도 않은 고향(故鄕)이 그립소.

● ● 정지용의 유명한 시 「향수」에는 고향 풍경을 구체적으로 묘사하고 그 고향에 대한 절절한 그리움을 담았다고 하면, 이 시에는 돌처럼 차갑고 절제된 그리움이 있다. 있지도 않은 고향이라니, 고향을 부정하고 있다. 있지도 않은 고향을 그리워한다는 말 자체는 역설이다. 대상 없는 그리움이 어디 있는가. 환상일지언정 그리움의 대상은 존재하게 마련이다. 내 모습을 객관적으로 관조해 보듯이, 애끓는 그리움을 이제는 다 초월하여 돌을 베고 하늘을 보듯이 고향을 다만 그려보고 있다. 아주 짧은 시 행간 사이에 생략된 수많은 사연을 느껴볼 때 이 시의 제 맛을 볼 수 있다.

한잔 물

목마름 채우려든 한잔 물을
땅 우에 엎질렀다.

너른 바다 수많은 파두(波頭)를 버리고
하필(何必) 내 잔에 담겼든 물.

어느 절벽 밑 깨어진 굽일런지-
어느 산모루 어렸던 구름의 조각인지-

어느 나뭇잎 우에
또 어느 꽃송이 우에
나려졌던 구슬인지-
이름 모를 골을 나리고
적고 큰 돌 사이를 지난 나머지
내 그릇을 거쳐
물은 제 길을 갔거니와……

허젓한 마음
그릇의 비임만을 남긴
아- 애달픈 추억(追憶)아!

● ● 하찮은 일에 눈이 맞아 그걸 소재로 시를 쓰는 사람이 시인이다. 목이 말라 마시려던 물을 엎지르면 보통은 더 갈증을 느낄 텐데, 역시 시인이다. 엎지른 물을 보고 절벽 밑에 깨져 뒹굴던 굽을, 산마루에 어린 구름의 조각을, 나뭇잎과 꽃송이에 어려 있던 이슬이거나 산골짜기를 흐르고 크고 작은 돌 사이를 지나 그릇에 담기게 된 인연을 생각한다. 하필 내 잔에 담기게 된 물은, 꼭 내게로 와 내 잔에 담길 인연이 있는 물이다. 결국 빈 그릇처럼 애달픈 추억만 남길지라도……

마음의 조각 1

허공(虛空)이 스러질
나는 한 점의 무(無)로-

풀 밑 벌레 소리에,
생(生)과 사랑을 느끼기도 하나

물거품 하나
비웃을 힘이 없다.

오직 회의(懷疑)의 잔을 기울이며
야윈 지축(地軸)을 서러워하노라.

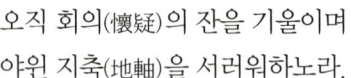

● ● 김상용은 「마음의 조각」이라는 제목으로 여덟 편의 연작시를 썼다. 존재에 대해 생각하는 시가 대부분인데 대체로 고독하고 회의적인 느낌이 든다. 「마음의 조각 3」에서는 '고독을 밤새도록 잔질하고 난 밤, / 새 아침이 눈물 속에 밝았다.' 라고 감각적으로 노래하였다.
이 시는 첫 번째 시로서, 역시 고독과 허무가 느껴진다. 벌레 소리를 들으며 생과 사랑을 느끼기도 하지만 오직 회의에 빠져 지축을 서러워하고 만다. 무엇보다 물거품 하나 비웃을 힘이 없이 무기력하다. 지축을 야위었다고 생각하는 것은 마음의 중심을 잃은 상태이리라.

마음의 조각 2

임금 껍질만한 열정(熱情)이나 있느냐?
'죽음'의 거리여!

썩은 진흙골에서
그래도 샘 찾는 몸이 될까

●●● 죽음의 거리에 열정을 가지고 있는지를 묻는다. 하지만 그건 자신을 향한 물음이기도 하다. 열정은 삶의 수레바퀴를 이끌어 가는 주 에너지이다. 그런데 그게 사라지고 없다면 죽음일 수밖에 없다. 죽음은 삶의 끝에 자리하고 있다. '썩은 진흙골'은 죽음과 다르지 않다. 세상에 대한 야유와 풍자와 냉소가 범벅이 되어 있다. '그래도'라는 부사는 이 시에서 큰 위치를 차지하고 있다. 그래도, 그럼에도 불구하고 '샘'을 찾아야 하지 않겠는가.

마음의 조각 8

생(生)의 '길이'와 폭(幅)과 '무게' 녹아,
한낱 구슬이 된다면
붉은 '도가니'에 던지리라.

심장(心臟)의 피로 이루어진
한 구(句)의 시(詩)가 있나니—

'물' 과 '하늘' 과 '님' 이 버리면
외로운 다람쥐처럼
이 보금자리에 쉬리로다.

● ● 「마음의 조각」 연작의 마지막 시이다. 짧고 단순하지만, 시어 하나하나에 무게가 많이 실려 있다. 생을 길이와 폭과 무게로 단순화시키고, 그것을 또 한낱 구슬에 비유하여 붉은 도가니에 던질 수 있는 것으로 물질화하였다. 비장하지 않은가. 피로 이루어진 시가 있지만, 그것도 물과 하늘과 님이 버리면 아무 역할도 하지 않고 그저 외로운 다람쥐처럼 쉴 뿐이다. 여기서 물과 하늘과 님이라는 시어를 어떻게 해석해야 할까. 물은 지상의 생명을 있게 하는 근원이요, 하늘은 이상적인 대상이나 꿈, 님은 현실적인 대상이다. 혹은 하늘, 님, 물을 동양사상의 근본인 천지인으로 해석해도 무리는 아닐 것이다.

괭이

넙적 무투룩한 쇳조각, 너 괭이야
괴로움을 네 희열(喜悅)로
꽃밭을 갈고,
물러와 너는 담 뒤에 숨었다.

이제 영화(榮華)의 시절(時節)이 이르러
봉오리마다 태양(太陽)이 빛나는 아침,
한 마디의 네 찬사(讚辭) 없어도,
외로운 행복(幸福)에
너는 호올로 눈물 지운다.

● ● 일제 강점기를 산 시인들이 모두 한용운, 윤동주, 이육사처럼 지사의 정신으로 살 수는 없다. 김상용은 이화여전 영문학 교수로서 당대 현실을 시에 담지 않았고, 일제 말기에 친일시를 쓴 오점을 가지고 있다.
이 시의 특이한 점은 땅을 파거나 흙을 고르는 데 쓰는 농기구인 괭이를 의인화하였다는 것이다. 땅을 파는 적극적인 행위에 괴로움이라는 음성적인 정서를 실은 것은 시의 화자 마음이 매우 어두운 상태에 놓여 있다는 반증이다. 2연에서 분위기가 밝아지는가 싶더니 외로운 행복에 홀로 눈물을 짓고 있다. 괴로움을 희열로 바꿔 꽃밭을 간 후에 담 뒤에 숨은 행위(1연)의 연장이다. 현실 앞에 나서서 행동하지 않았던 지식인의 소극적인 마음을 투사한 것도 같다.

김상용

Part 6

이장희 · 김억
황석우 · 이상화
주요한 · 김동명

하일소경 夏日小景

이장희

운모같이 빛나는 서늘한 테이블
부드러운 얼음 설탕 우유
피보다 무르녹은 딸기를 담은 유리잔
얇은 옷을 입은 저윽히 고달픈 새악시는

가름한 속눈썹을 깔아 맞히며
가냘픈 손에 들은 은사시로
유리잔의 살찐 딸기를 부수노라면
담홍색의 청량제가 꽃물같이 흔들린다.

은사시에 옮기인 꽃물은
새악시의 고요한 입술을 앵도보다 곱게도 물들인다.
새악시는 달콤한 꿀을 마시는 듯
그 얼굴은 푸른 잎사귀같이 빛나고

콧마루의 수은 같은 땀은 벌써 사라졌다
그것은 밝은 하늘을 비친 작은 못 가운데서
거울같이 피어난 연꽃의 이슬을
헤엄치는 백조가 삼키는 듯하다.

●●● 이 시 역시 감각적인 표현이 돋보인다. 시인의 정서를 표현한 시가 아니라 시인이 바라본 찻집 풍경을 묘사하고 있다.
가냘픈 손에 얇은 옷을 입은 새악시가 은사시(은숟가락)로 얼음과 설탕과 우유가 담긴 유리잔에 피보다 빨간 딸기를 부수고 있다. 여름날이다. 하얀 숟가락에 든 빨간 꽃물이 앵도보다 곱게 새악시 입술을 물들인다. 얼굴이 푸른 잎사귀처럼 빛나는 여름날이다. 마지막 연에 이르면 여름날의 더위가 순식간에 날아가 버린다. 백조가 연꽃의 이슬을 삼킨 것처럼 아가씨의 수은 같은 콧마루의 땀이 사라져 버렸다. 청량제도 시원했겠지만 아름다운 새악시를 바라보는 시의 화자의 마음이 한결 더 시원한 듯하다.

고양이의 꿈

이장희

시내 위에 돌다리
다리 아래 버드나무
봄안개 내리인 시냇가에 푸른 고양이
곱다랗게 단장하고 빗겨 있오 울고 있소
기름진 꼬리를 쳐들고
밝은 애달픈 노래를 부르지요
푸른 고양이는 물오른 버드나무에 스르르 올라가
버들가지를 안고 버들가지를 흔들며
또 목 놓아 웁니다 노래를 부릅니다

멀리서 검은 그림자가 움직이고
칼날이 은같이 번쩍이더니
푸른 고양이도 볼 수 없고
꽃다운 소리도 들을 수 없고
그저 쓸쓸한 모래 위에 선혈이 흘러 있소

● ● ● 1연의 분위기가 이국적이다. 잿빛이거나 검거나 흰 고양이가 아닌 푸른 고양이가 버드나무 위에 올라가 버들가지를 안고 목 놓아 우는 건 흔한 풍경이 아니다. 또 독자의 시선을 고양이에 옮겨놓기 위해 시내 위에 돌다리, 돌다리 위에 버드나무, 이렇게 점층적으로 장소를 이동시킨다.

2연에서는 색채 묘사가 선명하다. 검은 그림자, 은빛 칼날, 푸른 고양이, 모래 위에 선혈. 어떤 감정을 노출하지 않는다. 묘사로써 독자의 감정에 호소하고 있는 고양이의 꿈이 비극적이다.

이장희

동경 憧憬

이장희

여린 안개 속에 녹아든
쓸쓸하고도 낡은 저녁이
어디선지 물같이 기어와서
회색의 꿈 노래를 아뢰이며
갈대같이 가냘픈 팔로
끝없이 나의 몸을 둘러 주도다.

야릇도 하여라
나의 가슴 속 깊이도 갈앉아
가늘게 고달픈 숨을 쉬고 있던
햴푸른 옛생각은
다시금 꾸물거리며 느껴울다

아, 이러할 때
무덤같이 잠잠한 모래두던 위에
무릎을 껴안고 시름없이 앉은
이 나의 거칠은 머리칼은
나뭇잎을 스치는 바람결에
갈갈이 나부끼어라.

반원(半圓)을 커다랗게 그리는
동녘 하늘 끝에
조그만 샛별이 떠 있어
성자같이 늘어선 숲 너머로
언제 보아도 혼자일러라.
선잠에서 눈뜬 샛별은
싸늘한 나의 뺨같이 떨며
은(銀)빛진 미소(微笑)를 보내나니.

외떨어진 샛별이여,
내려봄이 어디런가.
남(藍)빛에 흔들리는 바다런가
바다이면 아마도 섬이 있고
섬이면은 고은 꽃피는 수국(水國)이리라.
오, 어쩔 수 없는 머나먼 동경(憧憬)이여.

흐르는, 구름에 실려서라도
나는 가련다, 가지 않고 어이하리.
얄밉게도 지금은
수국(水國)의 꽃숲으로 돌아가 버린
그러나 그리운 옛님을 뵈올까 하여.

그러면 님이여,
혹(或)시 그대의 문(門)을 두드리거든
젊어서 시들은 나의 혼을
끝없는 안식(安息)에 멱감게 하소서.

아, 저 두던에 울리도다.
마리아의 은은한 쇠북소리에,
저녁은 갈수록 한숨지어라.

● ● 1연의 주체는 저녁이고, 2연의 주체는 옛생각이고, 3연의 주체는 머리칼이다. 간단히 하면, 저녁이 되자 옛 생각이 났고, 바람결에 머리칼이 나부낀다. 간단한 상황을 구체적이고도 상세하게 묘사하여 읽는 재미를 준다. 4연에서는 하늘의 샛별(금성)에게 시선이 옮겨간다.
별을 올려다보는데 별이 미소를 보내긴 하지만 시의 화자와 시선은 맞지 않는다. 별이 내려다보는 곳이 어딘지 궁금하다. 바다인지, 섬인지…… 그래서 미지의 것을 동경하는 마음이 생겨난다. 그 동경에 실은 것은 옛님의 생각이다. '젊어서 시든 혼'을 안식시켜 달라고 기도하며, 두던(언덕)에 울리는 쇠북소리에 한숨짓는다.

청천의 유방

이장희

어머니 어머니라고
어린 마음으로 가만히 부르고 싶은
푸른 하늘에
따스한 봄이 흐르고
또 흰 별을 놓으며
불룩한 유방이 달려 있어
이슬 맺힌 포도 송이보다 더 아름다와라.

탐스러운 유방을 볼지어다.
아아 유방으로서 달콤한 젖이 방울지려 하누나
이때야말로 애구(哀求)의 정이 눈물 겨웁고
주린 식욕이 입을 벌리도다
이 무심한 식욕
이 복스러운 유방……
쓸쓸한 심령이여 쏜살같이 날라지어다.
푸른 하늘에 날라지어다.

● ● ● 모성 결핍이 드러나 있다. 이장희는 어린 시절에 어머니를 잃고 생활이 그다지 평탄하지 않았다. 푸른 하늘을 그리운 어머니로 상정하고 어머니의 불룩한 유방을 상상하며 포도송이보다 아름답다고 감탄한다. 유방에서는 젖도 흘러나오고 있다. 당장 푸른 하늘로 날아올라 굶주린 식욕을 채우고 싶어한다.

달밤 모래 위에서

이장희

갈대 그림자 고요히 흩어진 물가의 모래를
사박 사박 사박 사박 거닐다가
나는 보았습니다 아아 모래 위에
자빠진 청개구리의 불룩하고 하이얀 배를
그와 함께 나는 맡았습니다
야릇하고 은은한 죽음의 비린내를

슬퍼하는 이마는 하늘을 우러르고
푸른 달의 속삭임을 들으려는 듯
나는 모래 위에 말없이 섰더이다

● ● ● 1연은 도치법을 써서 궁금증을 유발시키고 있다. 무엇을 보았는지, 무슨 냄새를 맡았는지, 장면만 설정해 놓고는 마지막에 가서 자신이 직면한 죽음의 비린내를 보여준다. 달밤 모래 위에서라면 불룩하고 하얀 청개구리의 배가 아주 잘 보였을 것이다. 낮의 햇빛에서 보는 것보다 죽음이 더 처연하게 보였을 것이다. 시의 화자는 슬프다거나 놀랐다거나 하는 감정 노출 없이 하늘을 우러러 보며 모래 위에 서 있다고 객관적으로 진술한다. 짐짓 아닌 체, 푸른 달의 속삭임을 들으려고 하는 것처럼 서 있었다고 간접적으로 진술하고 있다.

봄은 고양이로다

이장희

꽃가루와 같이 부드러운 고양이의 털에
고운 봄의 향기(香氣)가 어리우도다.

금방울과 같이 호동그란 고양이의 눈에
미친 봄의 불길이 흐르도다.

고요히 다물은 고양이의 입술에
포근한 봄 졸음이 떠돌아라.

날카롭게 쭉 뻗은 고양이의 수염에
푸른 봄의 생기(生氣)가 뛰어 놀아라.

● ● 고월(古月) 이장희는 불행한 삶을 살다 서른도 채 안 된 나이에 자살하면서 생을 마감한 시인이다. 이 시는 그의 대표시인 동시에, 1920년대 대표시이다. 그리고 이 시는 미국 랜덤하우스에서 간행한 〈세계걸작시집〉에 실렸다고 한다. 감각적인 묘사가 돋보이는 시다. 고양이의 털과 눈과 입술, 수염을 동원하여 봄의 느낌을 참신하게 표현하고 있는데, 그는 특히 고양이를 좋아했다고 전한다. 고양이에 빗댄 봄 중에서도 마지막 연에서 봄의 생기를 '날카롭게 쭉 뻗은 고양이의 수염'에 비유한 것은 참으로 탁월한 표현이다. 정지용 시인에 이르러 1930년대 감각적인 시의 지평을 열었다고 평하고 있지만 그보다 앞서 이렇게 감각적인 시를 쓴 사람이 바로 이장희다.

봄은 간다

김억

밤이도다
봄이다.

밤만도 애닯은데
봄만도 생각인데.

날은 빠르다
봄은 간다.

깊흔 생각은 아득이는데
저– 바람에 새가 슬퍼운다.

검은 내 떠돈다
종소리 빗긴다.

말도 없는 밤의 설움
소리없는 봄의 가슴.

꽃은 떨어진다
님은 탄식한다.

● ● 1918년에 발표된 김억의 대표시이다. 아직 민요조에서 벗어나지 못했지만, 정서는 매우 자유롭다. 빠르게 지나가는 시간에 대한 아쉬움과 상실감을 노래하고 있다. 감정이 노출되어 있어 이해하는 데 특별히 어려운 부분은 없고, 4연의 '바람에 새가 슬피운다'와 5연의 '검은 내 떠돈다 / 종소리 빗긴다'는 구절에서 시적인 은유를 찾아볼 수 있다.

'바람'이라는 대상 혹은 세계, 그것에 상처받아 우는 존재(새). 그리고 '검은 내를 떠도는 종소리'를 시대적인 면에 대응시키면 일제 강점기를 살아가는 민족의 슬픔, 어둠에 싸인 시대를 상징하는 것으로 읽을 수 있다.

삼수갑산 三水甲山

김억

三水甲山 가고지고
三水甲山 어듸메냐
아하 산첩첩에 흰구름만 쌔고쌨네.

三水甲山 보고지고
三水甲山 아득코나
아하 촉도난(蜀道難)이 이보다야 더할소냐

三水甲山 어듸메냐
三水甲山 내못가네
아하 새드라면 날아날아 가련만도

三水甲山 가고지고
三水甲山 보고지고
아하 원수로다 외론꿈만 오락가락

● ● ● 근대 이전의 정형시의 율격에서 벗어나지 못한 시 형태를 가지고 있다. 김억은 김소월의 스승으로 일찍이 김소월의 시의 능력을 알아보고 배출한 사람이며, 그의 시집 『해파리의 노래』는 근대 최초의 개인시집이다. 주요한과 함께 근대 한국시단의 기초를 마련한 공이 크다. 이 시는 제자 김소월을 그리워하며 쓴 시로서 삼수갑산 가고 싶고, 보고 싶은 정서가 그대로 드러나 있다. 각 연의 1, 2행은 글자 수도 같고 같은 말을 반복함으로써 애달픈 마음을 극대화시켰고, 각 연 마지막 행에서 정서를 새롭게 환기시키고 있다.

봄

황석우

가을 가고 결박 풀어져 봄이 오다.
나무 나무에 바람은 연한 피리 불다.
실강지에 날 감고 날 감아
꽃밭에 매어 한 바람 한 바람씩 땡기다.
가을 가고 결박 풀어져 봄이 오다.
너와 나 단 두사이에 맘의 그늘에
현음(絃音) 감는 소리.
새야 봉우리야 세우(細雨)야 달야.

● ● 1918년에 발표된 시다. 1연의 '결박 풀어진다'는 표현이 심상치 않게 느껴진다. 시대적인 상황을 은유한 표현으로 보인다. 시의 화자는 봄에 완전 포위당했다. 바람은 나무에 연한 피리를 불고, 실가지(실강지)에 자신을 감아 꽃밭에 매고는 한 바람씩 잡아당긴다. 봄바람에 완전 몸을 맡기고 맥을 못 추고 있다. 봄이 되자 사랑하는 사람이 생각난다. 둘 사이엔 당연히 약간의 그늘이 있을 터, 봄은 그 그늘에 가야금 소리일까, 현음을 감는다. 아름다운 이 봄을 어떻게 해야 하니, 새야, 봉우리야, 세우야, 달아! 시의 화자는 봄이라는 계절과 자연과 합일되어 뒹굴고 있다.

앵鶯

황석우

꽃핀 골에 울리는 봄소리
부드럽게 가슴에 방울 떨어지다
아, 꾀꼬리야
백일(白日)은 녹고
때는 가는 길에 명정(酩酊)한다
아, 꾀꼬리야

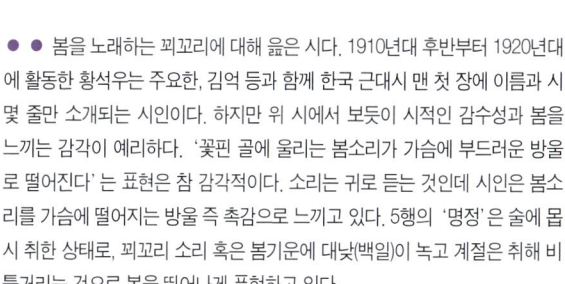

● ● 봄을 노래하는 꾀꼬리에 대해 읊은 시다. 1910년대 후반부터 1920년대에 활동한 황석우는 주요한, 김억 등과 함께 한국 근대시 맨 첫 장에 이름과 시 몇 줄만 소개되는 시인이다. 하지만 위 시에서 보듯이 시적인 감수성과 봄을 느끼는 감각이 예리하다. '꽃핀 골에 울리는 봄소리가 가슴에 부드러운 방울로 떨어진다'는 표현은 참 감각적이다. 소리는 귀로 듣는 것인데 시인은 봄소리를 가슴에 떨어지는 방울 즉 촉감으로 느끼고 있다. 5행의 '명정'은 술에 몹시 취한 상태로, 꾀꼬리 소리 혹은 봄기운에 대낮(백일)이 녹고 계절은 취해 비틀거리는 것으로 봄을 뛰어나게 표현하고 있다.

나의 침실로

이상화

마돈나! 지금은 밤도 모든 목거지에, 다니노라
피곤하여 돌아가련도다,
아, 너도 먼동이 트기 전으로 수밀도의 네 가슴에
이슬이 맺도록 달려오너라.

마돈나! 오려무나, 네 집에서 눈으로 유전하던 진주는,
다 두고 몸만 오너라.
빨리 가자, 우리는 밝음이 오면, 어딘지도 모르게 숨는
두 별이어라.

마돈나! 구석지고도 어둔 마음의 거리에서,
나는 두려워 떨며 기다리노라,
아, 어느덧 첫닭이 울고ㅡ 뭇개가 짖도다,
나의 아씨여, 너도 듣느냐.

마돈나! 지난밤이 새도록, 내 손수 닦아 둔
침실로 가자, 침실로!
낡은 달은 빠지려는데, 내 귀가 듣는 발자국ㅡ
오, 너의 것이냐?

마돈나! 짧은 심지를 더우잡고, 눈물도 없이
하소연하는 내 맘의 촛불을 봐라,
양털 같은 바람결에도 질식이 되어, 얄푸른 연기로
꺼지려는도다.

마돈나! 오너라, 가자. 앞산 그리매가 도깨비처럼
발도 없이 가까이 오도다.
아, 행여나, 누가 볼는지― 가슴이 뛰누나,
나의 아씨여, 너를 부른다.

마돈나! 날이 새련다. 빨리 오려무나.
사원의 쇠북이, 우리를 비웃기 전에,
네 손이 내 목을 안아라.
우리도 이 밤과 같이 오랜 나라로 가고 말자.

마돈나! 뉘우침과 두려움의 외나무다리 건너 있는 내
침실, 열 이도 없느니!
아, 바람이 불도다, 그와 같이 가볍게 오려무나,
나의 아씨여, 네가 오느냐?

마돈나! 가엾어라, 나는 미치고 말았는가.
없는 소리를 내 귀가 들음은—,
내 몸에 피란 피— 가슴의 샘이 말라버린 듯 마음과
목이 타려는도다.

마돈나! 언젠들 안 갈 수 있으랴. 갈 테면,
우리가 가자, 끄을려 가지 말고!
너는 내 말을 믿는 마리아— 내 침실이 부활의
동굴임을 네야 알련만….

마돈나! 밤이 주는 꿈, 우리가 얽는 꿈,
사람이 안고 궁그는 목숨의 꿈이 다르지 않으니,
아, 어린애 가슴처럼 세월 모르는 나의 침실로 가자
아름답고 오랜 거기로.

마돈나! 별들의 웃음도 흐려지려 하고,
어둔 밤 물결도 잦아지려는도다.
아, 안개가 사라지기 전으로, 네가 와야지
나의 아씨여 너를 부른다.

● ● 이 시는 상화의 초기 시로서, 지사로서의 면모보다는 관능적이고 낭만적인 면이 돋보이는 시다. 처음부터 끝까지 흥분된 어조를 유지하고 있다. 이 시의 매력은 무엇보다 막힘 없는 리듬감에 있다. 두 연 정도만 소리 내어 읽어 보라. 나도 모르게 래퍼처럼 어깨가 리드미컬하게 움직이는 것을 느끼게 된다. 처음부터 끝까지 두 행을 한 연으로 삼았고, 각 문장에서 느껴지는 음보 또한 비슷한 리듬감을 갖고 있다.

1연 2행의 '수밀도의 네 가슴'이라는 구절이 시 전체 분위기를 지배하며, '밝음이 오면, 어딘지도 모르게 숨는 두 별', '눈물도 없이 하소연하는 내 맘의 촛불', '이 밤과 같이 오랜 나라로 가고 말자' 등의 구절은 낭만의 분위기를 좋아하는 여성들의 가슴을 뛰게 하기에 너무나 충분하다.

1연 1행의 '목거지'는 '모꼬지(놀이나 잔치 또는 그 밖의 일로 여러 사람이 모이는 일)'의 경상, 제주의 방언이고, 6연 1행의 '그리매'는 '그림자'라는 뜻의 '그리메'로 보는 게 타당하다.

이상화

빼앗긴 들에도 봄은 오는가

이상화

지금은 남의 땅- 빼앗긴 들에도 봄은 오는가?

나는 온몸에 햇살을 받고
푸른 하늘 푸른 들이 맞붙은 곳으로,
가르마같은 논길을 따라 꿈 속을 가듯 걸어만 간다.

입술을 다문 하늘아, 들아
내 맘에는 내 혼자 온 것 같지를 않구나!
네가 끌었느냐 누가 부르더냐
답답워라 말을 해다오.

바람은 내 귀에 속삭이며,
한 자욱도 섰지 마라 옷자락을 흔들고.
종다리는 울타리 너머 아가씨같이 구름 뒤에서
반갑다 웃네.

고맙다 잘 자란 보리밭아,
간밤 자정이 넘어 내리던 고운 비로
너는 삼단 같은 머리털을 감았구나,
내 머리조차 가뿐하다.

혼자라도 가쁘게 나가자.
마른 논을 안고 도는 착한 도랑이 젖먹이 달래는
노래를 하고, 제 혼자 어깨춤만 추고 가네.

나비, 제비야, 깝치지 마라,
맨드라미 들마꽃에도 인사를 해야지.
아주까리 기름 바른 이가 지심 매던 그 들이라도
보고 싶다.

내 손에 호미를 쥐어다오.
살찐 젖가슴과 같은 부드러운 이 흙을 발목이 시리도록
밟아도 보고, 좋은 땀조차 흘리고 싶다.

이상화

강가에 나온 아이와 같이
셈도 모르고, 끝도 없이 닫는 내 혼아,
무엇을 찾느냐 어디로 가느냐 우서웁다 답을 하려무나.

나는 온몸에 풋내를 띠고
푸른 웃음 푸른 설움이 어우러진 사이로,
다리를 절며 하루를 걷는다. 아마도 봄 신명이
지폈나 보다.
그러나 지금은 들을 빼앗겨 봄조차 빼앗기겠네.

● ● ● 이 시는 상화의 중기 시에 속한다. 달콤한 말을 속삭여 마돈나를 침실로 불러들이려 한 분위기와는 사뭇 다르게 지사다운 면모가 보이는 시다.
상화는 대지주의 차남으로 태어났지만, 8살 때 아버지가 작고하여 민족주의자인 큰아버지 집안에 있던 사숙에서 공부하였다. 독립투사 이상정 장군이 상화의 큰형이다.
이육사, 윤동주와 함께 대표적인 저항시인으로 알려진 상화는 '시는 삶과 일치하는 것'으로 생각하고 양심을 잃지 않는 삶을 추구하고 또 그런 삶을 지향했다. '수밀도 같은 마돈나의 젖가슴'이 이 시에서는 발목이 시리도록 밟아 보고, 좋은 땀을 흘리고 싶은 부드러운 흙으로 비유되었다. 시의 맨 끝 행에서 '들을 빼앗겨 봄조차 빼앗기겠다'는 산뜻한 표현이 시의 주제를 분명하게 나타내었고, 그래서 애매하지 않게 말끔하게 소화되는 시다. 그의 시는 거의 전부가 20대에 쓰여졌고, 생애 말기에는 거의 시를 쓰지 않았다.

불놀이

주요한

아아 날이 저문다, 서편 하늘에, 외로운 강(江)물 우에, 스러져 가는 분홍빛 놀…… 아아 해가 저물면 날마다, 살구나무 그늘에 혼자 우는 밤이 오건마는, 오늘은 사월(四月)이라 파일 날, 큰 길을 물 밀어가는 사람소리는 듣기만 하여도 흥성스러운 것을, 왜 나만 혼자 가슴에 눈물을 참을 수 없는고?

아아 춤을 춘다, 춤을 춘다, 시뻘건 불덩이가 춤을 춘다. 잠잠한 성문(城門) 우에서 나려다보니, 물냄새, 모래냄새, 밤을 깨물고 하늘을 깨무는 횃불이 그래도 무엇이 부족(不足)하여 제 몸까지 물고 뜯을 때, 혼자서 어두운 가슴 품은 젊은 사람은 과거(過去)의 퍼런 꿈을 찬 강(江)물 우에 내어던지나 무정(無情)한 물결이 그 그림자를 멈출 리가 있으랴?-- 아아 꺾어서 시들지 않는 꽃도 없건마는, 가신 님 생각에 살아도 죽은 이 마음이야, 에라 모르겠다, 저 불길로 이 가슴 태워버릴까, 이 설움 살라버릴까, 어제도 아픈 발 끌면서 무덤에 가보았더니 겨울에는 말랐던 꽃이 어느덧 피었더라마는 사랑의 봄은 또다시 안 돌아오는가, 차라리 속 시원히 오늘밤 이 물속에… 그러면 행여나 불쌍히 여겨줄 이나 있을까… 할 적에 '퉁, 탕', 불티를 날리면서 튀어나는 매화포, 펄떡 정신(精神)을 차리니 우구우구 떠드는 구경꾼의 소리가 저를 비웃는 듯, 꾸짖는 듯 아아, 좀더 강렬(强烈)한 열정(熱情)에 살고 싶다. 저기 저 횃불처럼 엉기는 연기(煙氣), 숨막히는 불꽃의 고통(苦痛) 속에서라도 더욱 뜨거운 삶을 살고 싶다고 뜻밖에 가슴 두근거리는 것은 나의 마음…

사월(四月)달 따스한 바람이 강(江)을 넘으면, 청류벽(淸流碧), 모란봉 높은 언덕 우에 허어옇게 흐늑이는 사람떼, 바람이 와서 불 적마다 불빛에 물든 물결이 미친 웃음을 웃으니, 겁많은 물고기는 모래 밑에 들어박히고, 물결치는 뱃슭에는 졸음 오는 '니즘'의 형상(形象)이 오락가락-어른거리는 그림자, 일어나는 웃음소리, 달아논 등불 밑에서 목청껏 길게 빼는 여린 기생의 노래, 뜻밖에 정욕(情慾)을 이끄는 불구경도 이제는 겹고, 한잔 한잔 또 한잔 끝없는 술도 이제는 싫어, 지저분한 배 밑창에 맥없이 누우며 까닭 모르는 눈물은 눈을 데우며, 간단없는 장고소리에 겨운 남자(男子)들은, 때때로 불 이는 욕심(慾心)에 못 견디어 번뜩이는 눈으로 뱃가에 뛰어나가면, 뒤에 남은 죽어가는 촛불은 우그러진 치마깃 우에 조을 때, 뜻있는 듯이 찌걱거리는 배젓개 소리는 더욱 가슴을 누른다……

아아 강물이 웃는다, 웃는다, 괴상한, 웃음이다, 차디찬 강물이 껌껌한 하늘을 보고 웃는 웃음이다. 아아 배가 올라온다. 배가 오른다, 바람이 불 적마다 슬프게 슬프게 삐걱거리는 배가 오른다.

저어라, 배를 멀리서 잠자는 능라도(綾羅島)까지, 물살 빠른 대동강(大同江)을 저어오르라. 거기 너의 애인(愛人)이 맨발로 서서 기다리는 언덕으로 곧추 너의 뱃머리를 돌리라 물결 끝에서 일어나는 추운 바람도 무엇이리오 괴이(怪異)한 웃음소리도 무엇이리오, 사랑 잃은 청년(青年)의 어두운 가슴속도 너에게야 무엇이리오, 그림자 없이는 밝음'도 있을 수 없는 것을-. 오오, 다만 네 확실(確實)한 오늘을 놓치지 말라. 오오, 사르라, 사르라! 오늘밤! 너의 빨간 횃불을, 빨간 입술을, 눈동자를, 또한 너의 빨간 눈물을……

● ● 연인(혹은 조국)을 잃어버린 슬픔을, 불놀이를 즐기는 초파일 사람들의 **흥분에 대비시켜 슬픔을 더욱 고조시키고 있다.**
제1연 끝머리에 '왜 나만 혼자 가슴에 눈물을 참을 수 없는고?' 나 2연 중간 부분에 '행여나 불쌍히 여겨줄 이나 있을까' 라는 구절에서 읽는 이의 동정에 호소하는 듯한 신파조가 느껴진다.
하지만 그런 사이사이에 슬픔을 얼른 망각하고 싶은 의지를 표현하고 있다. '불꽃의 고통 속에서라도 더욱 뜨거운 삶을 살고 싶다' (2연 후반부) '뜻밖에 정욕을 이끄는 불구경' (3연 중반부) '확실한 오늘을 놓치지 말라. 사르라, 사르라!' (5연 후반부).
또 제2연의 초반부에 '밤을 깨물고 하늘을 깨무는 횃불이 그래도 무엇이 부족하여 제 몸까지 물고 뜯을 때' 나 제3연의 초반부 '바람이 와서 불 적마다 불빛에 물든 물결이 미친 웃음을 웃으니' 등에서는 자신의 감정에서 벗어나 현장의 생생한 풍경을 전해 주고 있다.

파초

김동명

조국을 언제 떠났노
파초의 꿈은 가련하다.

남국을 향한 불타는 향수.
너의 넋은 수녀보다도 더욱 외롭구나!

소낙비를 그리는 너는 정열의 여인
나는 샘물을 길어 네 발등에 붓는다.

이제 밤이 차다.
나는 또 너를 내 머리맡에 있게 하마.

나는 즐겨 너를 위해 종이 되리니,
너의 그 드리운 치맛자락으로 우리의 겨울을 가리우자.

● ● 시인은 전원적이고 목가적인 시세계로 출발하였으나 점차 정치와 사회에 관심을 기울이며 신문이나 잡지에 정치에 관한 평론을 많이 썼다. '파초'라는 이국적인 식물을 소재로 끌어들여 고향을 잃은, 고국을 잃은 감정을 효과적으로 표현하고 있다.

내 마음은

김동명

내 마음은 호수요,
그대 노 저어 오오.
나는 그대의 흰 그림자를 안고,
옥같이 그대의 뱃전에 부서지리다.

내 마음은 촛불이요,
그대 저 문을 닫아 주오.
나는 그대의 비단 옷자락에 떨며, 고요히
최후의 한 방울도 남김없이 타오리다.

내 마음은 나그네요,
그대 피리를 불어 주오.
나는 달 아래 귀를 기울이며, 호젓이
나의 밤을 새이오리다.

내 마음은 낙엽이요,
잠깐 그대의 뜰에 머무르게 하오.
이제 바람이 일면 나는 또 나그네같이, 외로이
그대를 떠나오리다.

● ● 은유법의 전형을 잘 보여주고 있는 시다. 마음이라는 추상명사를 호수, 촛불, 나그네, 낙엽 등의 사물들로 치환시켜 마음의 특성을 잘 표현하고 있다. 비유로 쓰인 그 사물들이 모두 동적인 것을 보면, 시인은 고요하기보단 흔들리거나 유랑하는 마음을 표현하고 싶어한 것을 눈치 챌 수 있다.

김동명

꽃길을 걸어서

1판 1쇄 인쇄 | 2012년 1월 1일
1판 1쇄 발행 | 2012년 1월 5일

엮은이 | 편집부
펴낸이 | 윤다시
펴낸곳 | 도서출판 예가

주소 | 서울시 영등포구 당산동 1가 191-10
전화 | 02)2633-5462
팩스 | 02)2633-5463
E-mail | yegabook@hanmail.net
등록번호 | 제 8-216호

ISBN | 978-89-7567-550-8   13810

※ 잘못된 책은 바꿔드립니다.
※ 인지는 저자와의 합의하에 생략합니다.
※ 가격은 표지 뒷면에 있습니다.